CHRONIQUES

RÉTROSPECTIVES

SUR

PONTOISE

Par LÉON THOMAS

ANCIEN NOTAIRE

VICE-PRÉSIDENT DE LA SOCIÉTÉ HISTORIQUE ET ARCHÉOLOGIQUE
DE L'ARRONDISSEMENT DE PONTOISE ET DU VEXIN

PONTOISE

IMPRIMERIE AMÉDÉE PARIS

—

1883

CHRONIQUES RÉTROSPECTIVES

SUR

PONTOISE

CHRONIQUES

RÉTROSPECTIVES

SUR

PONTOISE

Par LÉON THOMAS

ANCIEN NOTAIRE

VICE-PRÉSIDENT DE LA SOCIÉTÉ HISTORIQUE ET ARCHÉOLOGIQUE
DE L'ARRONDISSEMENT DE PONTOISE ET DU VEXIN

PONTOISE

IMPRIMERIE AMÉDÉE PARIS

—

1883

AUX LECTEURS

Ce petit volume est la réunion d'articles sur Pontoise et sur son histoire, qui ont paru dans le journal l'*Echo Pontoisien*.

Il contient :

HOMONYMIE HUMORISTIQUE

sur

PONTOISE

Peu de nos lecteurs ignorent qu'il existe plus d'un Pontoise. Ce privilège, ou plutôt cet inconvénient, d'avoir des homonymes, notre ville le partage avec beaucoup d'autres villes. Ainsi, en dépit du proverbe : « Il n'est qu'un Paris, » il existe en France un certain nombre de villages et de hameaux du nom de Paris ; entr'autres trois hameaux en Seine-et-Oise, dont l'un, dans notre arrondissement, est « le petit Paris, » près de Gournay-sur-Marne. De même, outre le Marseille si connu, il y a Marseille-le-Petit, chef-lieu de canton dans l'arrondissement de Beauvais, et Marseille dans le Cher. Nous n'avons pas besoin de dire que ni l'un ni l'autre ne possèdent de « Cannebière. »

Quant à Pontoise, le Dictionnaire des Postes (5ᵉ édition, imprimée à Rennes par Oberthur, 1876), nomme cinq localités de ce nom : (*)

D'abord trois hameaux : 1º Pontoise, 114 habitants, commune de Clermont, arrondissement de Toulouse (Haute-Garonne). 2º Pontoise, 180 habitants, commune de Firminy, arrondissement de Saint-Etienne (Loire). 3º et Pontoise, 17 habitants, commune de Montfaucon, arrondissement de Château-Thierry (Aisne).

Puis Pontoise, dans le département de l'Oise ; celui-ci est ainsi décrit par M. Adolphe Joanne, dans son « Dictionnaire géographique..... de la France. » (2ᵉ édition, Paris, Hachette, 1869) :

« Pontoise, commune de 470 habitants : canton et
» bureau de poste de Noyon (6 kil.), arrondissement
» de Compiègne (25 kil.). — Voie romaine présentant
» à un endroit un remblai de sept mètres. Eglise en
» partie du xiiiᵉ (chœur) et du xviᵉ siècles ; en partie
» moderne. — Tombe celtique près de Courcelles. —
» Sur l'Oise. »

Cette petite ville paraît être très-ancienne ; c'est sans nul doute l'*Isara* des Itinéraires Romains, station de la voie ancienne allant de Reims par Soissons à Amiens. (Voir à ce sujet notamment « Les Voies Romaines, en Gaule.... Résumé du travail de la Commission de la Topographie des Gaules, » par Alexandre Bertrand. — Paris, Didier, 1864, un vol. in-8º).

(*) Le même ouvrage cite deux hameaux du département de l'Aisne, du nom de *Pontois*.

Peut-être existe-t-il encore un autre hameau du nom de Pontoise, dans les Basses-Alpes ; il dépendrait de la commune de Gréoux. Mais le Dictionnaire des Postes n'en parle pas, non plus que d'un *Pontœsia* des environs de La Réole, que l'on nous avait signalé.

C'est aussi, sans doute, le Pontoise de la chanson ayant pour refrain :

> Je suis de Pontoise,
> Le plus tendre amant,
> Du département
> De l'Oise.   (bis)

Et celui d'Alboise, le héros du dialogue suivant avec Napoléon Ier : « Ton nom ? — Alboise. — Quel dépar- » tement ? — De l'Oise. — Quelle ville ? — Pontoise. » — J'en suis bien oise, » — termina l'Empereur, en piquant des deux.

Enfin, le cinquième est le nôtre ; le Pontoise, situé par 49° 3' 5" de latitude et 0° 14' 23" de longitude Ouest, l'ancien *Briva Isaræ* ou *Brivisara* des Itinéraires Romains, le *Pontæsia* ou *Pontisara* du Moyen-Age, l'ancienne capitale du Vexin-Français, la ville où nos rois de la 3e race jusqu'à Louis XIV ont souvent habité, et où le Parlement a séjourné trois fois en 1652, 1720 et 1753.

C'est aujourd'hui le chef-lieu du second arrondissement de Seine-et-Oise. Il a plus de 6,000 habitants.

Aussi bien, puisque nous parlons de notre chère patrie, disons pour l'instruction des géographes et des dessinateurs, passés et futurs, que le pont de pierre, établi sur l'Oise, n'a, depuis près de quarante ans, que quatre arches. Cependant on lit dans maint ouvrage récent qu'il y a cinq arches, et même sept ! Dans les dessins il y a encore plus de fantaisie sur ce compte ; car on en trouve sept, cinq, trois et jusqu'à deux seulement !

Cette dernière « licence » se voit sur une lithographie, très-belle du reste, de l'album d'Hastrel, intitulée : *Hôtel-Dieu et Château de Pontoise.* C'est sans doute une nécessité de perspective qui a obligé cet artiste, ordinairement si exact, à faire cette suppression singulière.

Mais si ces petites erreurs n'ont pas d'inconvénient pour nous, il n'en est pas de même de l'idée, arrêtée chez beaucoup de personnes et surtout de Parisiens, que notre Pontoise est dans l'Oise. Tous, nous avons reçu et nous recevons des lettres avec cette adresse : « à Pontoise (Oise). » Elles nous arrivent avec deux ou trois jours de retard.

Heureux encore ceux qui n'ont pas eu à subir, comme cela nous est arrivé, une conversation de ce genre avec un « plumitif » parisien :

« Votre adresse ? — Pontoise ; Seine - et - Oise. — » Non, Oise. — Pardon, monsieur, c'est bien Seine- » et-Oise. — Du tout, *mossieû*, Pontoise est dans l'Oise, » tout le monde sait cela ; il y a même une chanson... » — Cependant, monsieur, » hasardions-nous d'une voix troublée par cette fière assurance, « j'exerce des » fonctions publiques dans cette ville depuis vingt ans, » j'en ai été conseiller municipal ; je crois pouvoir vous » assurer que c'est un chef-lieu d'arrondissement de » Seine-et-Oise. » — Alors le plumitif, avec un regard de commisération pour notre ignorance qu'il renonçait à vaincre, et avec la conviction qu'il y avait encore beaucoup à faire pour l'instruction en France : « Enfin, » comme vous voudrez, *mossieû*. Vous dites donc....

» Léon THOMAS,

» à Pontoise (Seine-et-Oise) ! »

CHRONIQUE RÉTROSPECTIVE

DE

PONTOISE

CHAPITRE Ier

JOURNAL DES VISITES PASTORALES

D'EUDE RIGAUD [1]

ARCHEVÊQUE DE ROUEN

1248-1269

I. — NOTICE SUR RIGAUD.

Eude Rigaud ou de Rigaud (Odo Rigaldus ou Rigaldi), n'est pas un inconnu pour nous. C'est à lui

[1] On écrit le plus souvent Rigault, et cette orthographe est plus conforme au mot latin Rigaldus ; mais, dans le manuscrit dont nous allons parler, le nom a été quelquefois écrit en français, et c'est alors Rigaud. C'est pourquoi nous avons adopté cette manière d'écrire.

que saint Louis donna, en 1255, l'archidiaconé de
Pontoise, et l'on sait à combien de controverses cet
acte a donné lieu. Dényauld, Guy-Bretonneau, Féret,
Deslions, nous ont laissé de volumineux traités à ce
sujet, sur lequel nous ne voulons pas du reste nous
étendre. Deslions a dit de Rigaud : « Ce prélat était
» cordelier, et dans le plus grand éclat de l'ordre nais-
» sant de saint François, dont il fut lui-même une
» lampe qui éclairait et qui brûlait de toutes parts par
» ses livres et par ses sermons ; le mérite et les vertus
» de sa vie, qui allait à la sainteté canonisable, le
» rendirent digne des premiers honneurs de l'Église et
» de la faveur de nos rois. » (1)

La vie de Rigaud est peu connue ; on ignore la date
et le lieu de sa naissance. Entré en 1236 dans l'ordre
des Frères Mineurs (les Cordeliers), il alla terminer
ses études à Paris et obtint une grande réputation
comme prédicateur.

Désigné pour remplacer Eude Clément, 56e archevêque de Rouen, décédé le 5 mai 1247, il fut sacré à
Lyon par le pape Innocent IV, au mois de mars 1248,
après avoir été relevé du vœu de renoncer à toute
dignité ecclésiastique, qu'il avait fait en entrant dans
les ordres Mineurs.

Peu après le moment où Rigaud devint archevêque,
saint Louis partait, le 12 juin 1248, pour sa première
croisade, celle qu'il avait juré de faire étant malade à
Pontoise. Nous ignorons si Rigaud avait déjà eu alors
des rapports suivis avec son souverain : mais dès la

____

(1) Voir l'ouvrage de Deslions : Éclaircissement de l'ancien droit de
l'Évêque et de l'Eglise de Paris sur Pontoise et le Vexin français. — Paris,
chez Villery, 1694. Imp. ve Ch. Coignard, 1 vol. petit in-8°. — Nous rappelons que Deslions est né à Pontoise.

rentrée de celui-ci en France, en septembre 1254, Rigaud, membre d'ailleurs du Parlement, auquel il assistait souvent, devient l'un des conseillers habituels du roi dans les plus grands intérêts du royaume.

Aussi, nous le voyons plusieurs fois aller à Lyon (1) et à Rome pour négocier, auprès des papes, des affaires du royaume ; il est aussi, vraisemblablement, l'un des conseillers du roi saint Louis dans le traité fait avec Henri III d'Angleterre, en 1259 (2), par lequel, en échange du duché d'Aquitaine, ce dernier cède tous les droits qu'il pouvait avoir sur la Normandie, l'Anjou, le Maine, le Poitou et la Touraine ; car Rigaud rapporte en entier dans son journal la teneur de ce traité, rédigé en français. A la fin de novembre 1259, il assiste à la réception du roi d'Angleterre à Saint-Denis, et c'est lui qui, le 11 décembre suivant, lit en public ce traité dans le Jardin Royal à Paris, en présence des deux rois et de nombreux prélats et barons des deux royaumes. Enfin, au mois de juin 1260, il va en Angleterre, à Londres, négocier au sujet du même traité.

Le 23 septembre 1249, il avait présidé aux funérailles de Gautier, évêque de Paris, et, en 1252, assisté à celles de la reine Blanche, mère de saint Louis.

Le 7 décembre 1254, il est envoyé à la rencontre du roi d'Angleterre, qui se rendait de nouveau à Paris. Le 6 avril 1255, il célèbre, à Melun, le mariage d'Isa-

____

(1) Auprès du pape Innocent IV, qui a séjourné à Lyon de 1245 à 1251.

A propos du séjour des papes en France, rappelons que Innocent II a résidé à Pontoise, car l'une de ses lettres, du 5 mai 1131, est datée de cette ville. (Voir Dulaure).

(2) Le 12 mai 1258, suivant la plupart des historiens. D'autres, et notamment Rapin de Thoyras, dans son Histoire d'Angleterre, donnent la date de 1259. D'après Rigaud, ce serait 1259.

belle, fille de saint Louis, avec Thibaut V, roi de Navarre et comte de Champagne ; et, le 6 juillet 1262, à Clermont, en Auvergne, les fiançailles du fils aîné du roi, le futur Philippe III le Hardi, avec Isabelle d'Aragon ; le 31 du même mois, il va, avec saint Louis, au-devant d'Henri III, qui revenait à Paris pour la troisième fois.

Il assiste aussi à divers conciles, sans doute à celui tenu à Paris en avril 1261, car son journal le fait résider à Paris neuf jours précisément à cette époque (1), et préside le concile de province, tenu à Pont-Audemer le 30 août 1267.

Cependant saint Louis avait décidé d'entreprendre sa seconde croisade, Rigaud est présent à Paris le dimanche 25 mars 1267 (jour de l'Annonciation), lorsque le roi, ses trois fils, Philippe, Jean et Pierre, y prennent la croix, avec beaucoup de nobles, *comtes* et *barons* de France, et avec eux la comtesse de Flandre. Le dimanche de la Pentecôte (2), 5 juin 1267, il assiste encore aux cérémonies dans lesquelles Philippe le Hardi, fils du roi, et beaucoup de nobles français sont armés chevaliers ; puis il prend lui-même la croix des mains du légat, avec le roi de Navarre, le comte de Dreux, le seigneur *d'Harcourt* (?) (3) et beaucoup de nobles,

(1) Ce concile figure dans l'*Art de vérifier les dates*. M. Bonnin, dont nous allons parler plus loin, a, dans une note, supposé que Rigaud avait passé ce temps, à Paris, pour une session du Parlement, et cela bien qu'il n'ait pas pu trouver de traces de cette session. Nous croyons notre hypothèse plus vraisemblable, car là Rigaud s'est borné à mentionner son séjour à Paris sans en indiquer le motif ; ordinairement il ajoute à son séjour à Paris cette mention : à cause du Parlement.

(2) La plupart des historiens disent que Philippe le Hardi fut armé chevalier avant de prendre la croix. Il nous paraît préférable d'adopter la version de Rigaud.

(3) Le texte porte : Dominus de Harecort.

dans l'île Notre-Dame, à Paris ; et, sur-le-champ, il y prêche en faveur de la nouvelle croisade, en présence du roi, du légat, d'une foule de seigneurs et de prélats, de clercs et d'une quantité de gens du peuple, réunis autour de lui.

Enfin, il part pour cette croisade à la fin de 1269 ou dans les premiers jours de 1270.

Nous le retrouvons, en juillet 1270, près de saint Louis, qui, en mer, sur les côtes de Sardaigne, le nomma un des exécuteurs de ses dernières volontés. A la fin de septembre de la même année, Philippe III, au camp de Carthagène, en fit le premier conseiller de Pierre d'Alençon, qui devait être, en cas de régence, lieutenant général du royaume.

En 1273, il est un des trois prélats commis par Grégoire X à l'enquête pour la canonisation de saint Louis, et en 1274 il assiste au concile général de Lyon.

Il mourut à Rouen le 2 juillet 1275, si l'on en croit la chronique de cette ville, et légua divers objets de valeur à la cathédrale, entre autres une magnifique cloche. Noël Taillepied (1) rapporte dans son « Recueil des antiquités et singularités de la ville de Rouen » (Rouen, Petit, 1587), que cette cloche portait le nom de Rigaud et qu'elle est « tant pesante à esbranler » qu'il faut douze hommes pour la sonner...... et pour » ce que le temps passé, il escheoit bien de boire » avant que de la sonner, le proverbe commun est » venu qu'on dict d'un bon beuveur qu'il *boit à tire-la-* » *Rigault.* »

---

(1) Né à Pontoise et auteur aussi du livre si curieux des « Antiquités de Pontoise, » réimprimé par les soins de MM. François et Le Charpentier. (Paris et Pontoise, 1876, 1 vol. in-8°.)

Certes, l'existence de Rigaud fut noblement remplie par les travaux dont nous venons d'énoncer les principaux. Hé bien ! le journal dont nous allons parler nous le montre déployant dans les visites de son diocèse une activité surprenante : il voit tout par lui-même, il fait passer des examens aux clercs, il entre dans les plus petits détails, et la même main qui a préparé un traité entre les rois de France et d'Angleterre, ou avec le pape, et qui a marié les enfants de France, relatera, dans ce journal, qu'en visitant une humble église, il a trouvé qu'il manquait quelques vitres à une fenêtre, qu'un psautier était mal relié, et même qu'un chantre bredouille en chantant et qu'un autre dort pendant les offices.

Rigaud fut non-seulement un illustre et puissant prélat, mais c'est encore l'homme du devoir et du travail. Aussitôt nommé archevêque, il commence ses tournées pastorales dans son vaste diocèse, et comme il est un homme d'ordre, il tient un registre exact de ses tournées. Son journal nous est en partie parvenu. C'est un des manuscrits de la Bibliothèque nationale de Paris. Ecrit en latin, sans doute par la main d'un clerc ou secrétaire de Rigaud et sous sa dictée (1), il porte ce titre : « *Regestrum visitationum archiepiscopi Rothomagensis* » (387 feuillets sur parchemin. — numéro 1245). Le 1ᵉʳ et le 8ᵉ feuillets sont perdus et la première visite qui y figure est du 17 juillet 1248 à Grâville. La dernière est du 17 décembre 1269, époque de son départ pour la croisade. On n'a pas pu retrouver de journal postérieur à cette époque.

(1) Le journal fait toujours parler Rigaud à la première personne du pluriel : Nous avons visité, nous ordonnons, &ᵃ ; telles sont ses expressions.

Un érudit, M. Th. Bonnin, avec une patience qu'on ne saurait trop admirer, car le manuscrit est très-difficile à lire, l'a recopié et a fait imprimer cette copie (Rouen, Auguste Le Brument, libraire-éditeur, 1852. 860 pages in-4°) ; mais nous ne croyons pas qu'il existe de traduction en français, de ce manuscrit qui, publié pour la première fois par M. Bonnin, était jusqu'alors à peu près inconnu.

C'est en lisant ce journal que l'on peut juger de l'activité de Rigaud ; il est presque toujours en tournées ou en ambassade ; il y mentionne, chaque jour, dans un style simple, concis et tout à fait familier (car il ne s'agissait que de simples notes à son usage), ce qu'il a fait dans la journée, dans quelle ville il se trouve et aux frais de qui il a été hébergé.

Comment voyageait-il ? Sans doute à cheval, car il indique souvent qu'il a reçu, à titre de redevance, du foin pour ses chevaux. A un endroit, il rapporte qu'il a suivi la Seine en bateau ; et à un autre endroit qu'appelé auprès du roi, qui était malade à Fontainebleau, malade lui-même (1) il a eu grande peine à y parvenir tant à cheval que par voiture (*Currus*, char ou voiture, en latin). Il voyageait avec sa suite à petites journées, par étapes de 8 à 10 lieues, et il indique où il s'est reposé chaque nuit. Il mettait ainsi quinze jours environ pour aller de Rouen à Lyon, et six semaines pour se rendre de Paris à Rome.

C'est de ce journal, si curieux à bien des points de vue, que nous avons eu d'abord l'intention d'extraire tout ce qui concernait Pontoise et ses environs. Mais ce travail aurait été trop étendu pour pouvoir être reproduit

(1) Il avait des accès de goutte.

ici, il aurait présenté la matière d'un volume in-18. Nous nous bornerons à reproduire seulement les parties pouvant intéresser Pontoise et ses environs, au point de vue historique et descriptif.

Par suite nous retrancherons :

1°. Les simples passages très-fréquents de Rigaud, par Pontoise.

2°. Tout ce qui est relatif à la discipline écclésiastique (1).

3°. Et toutes les redites et répétitions (2).

Nous nous appliquerons à traduire aussi littéralement que possible; nous indiquerons par des séries de points (........) les endroits des passages supprimés, et nous mettrons entre parenthèses tous les mots que nous croirons devoir ajouter au texte pour la clarté du récit.

Rigaud se sert du calendrier en usage à son époque, comptant les mois par calendes, ides et nones, et l'année commençant au jour de Pâques. Dans notre

(1) Le journal de Rigaud montre que cette discipline laissait souvent à désirer. Ainsi les moines n'observent pas exactement les jeûnes et les abstinences ; ils ont des lits trop doux ; ils portent des chemises, objets de luxe pour eux qui ne doivent avoir que des vêtements de laine ; enfin ils vont quelquefois boire au cellier du monastère. Quant aux prêtres, leurs manquements sont plus graves ; non-seulement quelques-uns s'enivrent ou bien s'absentent sans permission, mais il en est qui n'observent pas leur vœu de chasteté. Rigaud note ces méfaits, il réprimande avec force tous ces écarts, et se montre inflexible pour les réformer.

(2) Beaucoup de ces redites et répétitions sont causées par le manque d'obéissance des prêtres et religieux visités par Rigaud ; il faut qu'il dise bien souvent les mêmes choses pour que ceux-ci se décident à les exécuter.

Le chapitre de Saint-Mellon de Pontoise est tout particulièrement incorrigible à cet égard.

travail nous rétablirons la véritable date, d'après l'*Art
de vérifier les dates*, des bénédictins de Saint-Maur (1).

Nous nous sommes peut-être un peu trop étendu sur
Rigaud ; mais nous avons voulu établir qu'il a été un
des personnages les plus importants de son époque ; et
d'ailleurs il s'agit de l'un des conseillers intimes de
Saint-Louis, de l'un de ceux dans les bras desquels ce
grand roi est mort. Or, tout ce qui se rapporte à Saint-
Louis doit intéresser les habitants de Pontoise qui
seraient ingrats d'oublier les nombreux bienfaits *ma-
tériels* dont il a gratifié notre vieille cité, l'un de ses
séjours de prédilection.

II. Extraits du Journal de Rigaud.

1249.

5 juillet (2). Nous avons visité le monastère de Saint-
Martin de Pontoise. Il y a vingt-cinq moines. Ils ont
neuf pricurés, dans chacun desquels il y a deux
moines,...... et trente cures.

6 juillet. Nous avons visité le Chapitre de Saint-Mellon de Pontoise, nous avons remarqué que l'on n'a pas

---

(1) La préface de la première édition de ce savant ouvrage (Paris,
Desprez, imp. 1750. in-4°), nous fait connaître que l'idée de le composer et
les deux tables principales (celle chronologique et le calendrier perpétuel)
sont du bénédictin Dom François Maur, d'Antine, mort en 1746, et qui avait
habité le monastère de *Saint-Martin à Pontoise* de 1733 à 1737.

(2) Avant la donation de 1255, les archevêques de Rouen avaient déjà
droit de juridiction sur Saint-Martin, Saint-Mellon, Saint-Pierre, etc.

exécuté tout ce que nous avons prescrit l'année dernière (1). Les cloches n'ont pas été rétablies ni suspen-
dues. Le trésorier et les autres chanoines ne veulent
pas donner de quoi acheter des vêtements sacerdotaux.
....Nous avons défendu à Henri, le chapelain de l'autel
Royal (2), de coopérer, moyennant salaire, aux offices
des autres églises et de chanter habituellement ailleurs
qu'à Saint-Mellon.

Nous avons visité aussi le prieuré de Saint-Pierre de
Pontoise. Il y a cinq moines ; le prieur est chargé du
soin des âmes des moines. Ils n'ont pas de copie des
statuts du pape Grégoire... Ils ont 200 livres parisis de
revenus. Mais ils doivent jusqu'à 400 livres.

Puis nous sommes allé voir l'archidiaconé de Pontoise, où se sont présentés devant nous les 2 curés de
Saint-Maclou (3), les curés de Saint-André, de Saint-
Pierre, d'Ennery, de Livilliers, d'Osny, de Genicourt
et de Puiseux....

Le même jour nous avons couché à Saint-Martin de
Pontoise, dont le Chapitre nous doit pour notre redevance (4) cent sous parisis, et a l'obligation, lors de
nos séjours, de nous prêter les ustensiles pour la cuisine
ainsi que le coucher et le linge de ménage.

1250.

24 septembre. Nous avons relevé et transféré dans

(1) Sans doute lors d'une visite relatée au premier feuillet perdu du
journal.

(2) Probablement Henri était le chapelain de l'autel royal existant dans
Saint-Mellon.

(3) On sait que cette église a eu deux curés en titre jusqu'en 1713.

(4) En latin : *procuratio*, droit dû par les monastères et les chapitres
aux évêques, lorsqu'ils les inspectaient périodiquement.

une châsse nouvelle le corps de la Bienheureuse Ho-
norine à Conflans, et nous avons couché à Pontoise.

1251.

11 février. A Saint-Martin de Pontoise, nous trouvons 26 moines, dont 18 sont prêtres. Il y en a un qui
est dans un prieuré du diocèse de Beauvais, avec la
permission de l'évêque........ Le couvent n'a pas de
comptes bien arrêtés ; nous avons ordonné de choisir
quelques-uns des moines pour les tenir et les écrire sur
plusieurs registres. Ils doivent 1,300 livres, et leurs
revenus sont d'environ 1,200....

12 février. Au même lieu : nous avons reçu du chapitre de Saint-Mellon, à titre de notre redevance, cent
sous parisis, du foin pour les chevaux, des lits et du
linge de ménage..... L'église n'est pas recouverte
comme nous l'avions ordonné. (1) De même nous avons
ordonné que le chapitre fasse faire des rochets, selon
qu'il serait nécessaire, et qu'avant un mois on commence les travaux de couverture..... Le gardien du
matériel n'a pas soin des livres.....

13 février. Nous avons visité le prieuré de Saint-
Pierre, de la même ville. Il y a quatre moines ; ils
sont ordinairement cinq..... Ils doivent 300 livres et
le prieur ne tient pas ses comptes.

1252.

14 mars. A Saint-Martin de Pontoise, que nous
avons visité. Il y a 27 moines, dont 17 sont prêtres.
Leurs dettes sont d'environ 1,100 livres. Les comptes

---

(1) Probablement dans une première tournée inscrite sur la première
page, qui manque au manuscrit.

ne sont pas écrits sur plusieurs registres, comme nous l'avons déjà ordonné, et comme nous le prescrivons de nouveau..... L'abbé ne visite pas assez souvent les prieurés situés au dehors. Ses parents *grugent* le monastère et les prieurés, et surtout celui de Tour. (1)....

17 mars. Nous avons visité le chapitre de Saint-Mellon. Ils ont peu de rochets et d'amicts ; le chapitre devra s'en procurer en quantité suffisante. (2) Nous avons trouvé les autres choses en assez bon état, et nous avons passé la nuit à Saint-Martin, où nous avons reçu notre redevance de cent sous parisis ; en plus, on nous a fourni le linge, les lits, le foin pour les chevaux et le bois.

10 au 13 juillet. A Pontoise, à la Cour de la Reine régente, et là nous avons adressé à celle-ci la lettre suivante : A tous ceux qui verront les présentes lettres, frère Eude, par la permission divine chef indigne de l'église de Rouen, salut éternel en notre Seigneur Jésus-Christ. Lorsque nous avons demandé au bailli du Roi pour le pays de Caux, de conduire ou de faire conduire à nos frais, de la prison du Roi à notre prison de Rouen, des prisonniers que nous avions dans la première, jugeant que ce bailli était tenu de ce soin, il a refusé de le faire, soutenant qu'il n'y était pas obligé. Ensuite, sur la prière de Notre Seigneur le Pape, que le pieux frère Jean de Limoges, grand péni-

(1) Le prieuré de Tour, à Saint-Pirx. M. Joseph Depoin a publié en décembre 1875, dans l'*Echo pontoisien*, d'intéressants articles sur ce prieuré, que M. Bonnin appelle, nous ne savons pourquoi, le prieuré de Turnos. Quant au mot *grugent*, nous l'avons employé parce qu'il représente bien l'expression *gravant* du texte.

(2) On a vu et l'on verra par la suite que ce chapitre et d'autres maisons religieuses étaient assez pauvres.

tencier et nonce du Pape, a présentée à notre excellente souveraine Blanche, par la grâce de Dieu, illustre reine des Français, ladite souveraine-reine a concédé que la condui^e desdits prisonniers serait faite par ledit bailli ou ses gens, à nos frais, jusqu'à la prochaine fête de la Toussaint et ensuite jusqu'à deux années complètes de cette époque, ou au moins jusqu'après deux mois du retour à Paris du Roi notre Sire, s'il avait lieu avant ce terme. Mais sans que cette concession de la Reine régente puisse porter préjudice aux droits du Roi notre Sire. Et nous y avons aussi consenti sous la réserve de notre droit, si nous en avons sur ce point, de conduite des prisonniers. En mémoire de quoi nous avons fait corroborer les présentes lettres par l'apposition de notre sceau. Donné à Pontoise au mois de juillet de l'an du Seigneur 1252.

Le même jour (13 juillet) et le lendemain, nous avons couché à Marines. (1)

29 novembre. A Pontoise, et à ce moment a été ensevelie à Maubuisson, dans l'église du couvent, Blanche, reine de France, et nous avons assisté à ses funérailles. (2)

(1) Le journal n'indique pas l'emploi du temps du prélat à Marines.

(2) La plupart des historiens fixent le jour de la mort de la reine Blanche, au 1er décembre 1252. D'autres et notamment M. l'abbé Trou reculent cet événement à la fin de 1253. Rigaud nous donne la date qui doit être des derniers jours de novembre, et le vieux martyrologe de Maubuisson, cité par Dom Estiennot, fixe cette date au 26 novembre 1252, ce qui concorde bien avec le journal de Rigaud. Cette date était aussi fixée à 1252 par les Grandes Chroniques de France (appelées ordinairement : Chroniques de Saint-Denis). Et voici comment ce vieux recueil en parle :

« Comment la royne Blanche mourut.

» L'an de grâce mil deu. cent cinquante-deux, avint que la Royne » Blanche estoit à Meleun sur Saine, si li commença le cuer trop malement » à douloir et se senti pesante et chargiée de mal ; si fist hastivement

1253.

1er septembre. A Saint-Martin de Pontoise, que nous avons visité. Nous y avons trouvé 23 moines. Il y en a un qui séjourne seul à Waumondois. (1) Nous avons enjoint à l'abbé de le rappeler au cloître avant la fête de saint Michel, ou de lui adjoindre un compagnon... Ils doivent environ 1,200 livres, et par usure à des marchands 300 ; leurs ressources sont d'environ quinze cents livres parisis.

2 septembre. Nous avons visité le chapitre de Saint-Mellon. Là manquent des amicts et des rochets ; nous avons ordonné qu'on en fasse. Les chapes de soie et les ornements sont en désordre ; l'incurie du préposé à leur garde (*Le Chevecier* ou *Chefcier*) est déplorable. Nous avons ordonné qu'ils soient rangés avec plus de soin. Il y a manque de cloches, de clocher et de bois pour refaire les charpentes, et il existe une contestation pour savoir à qui incombe la charge d'en fournir. Nous aurons à enjoindre au chapitre de s'en procurer. Le même jour, nous avons couché à Saint-Martin....

3 septembre. En la même ville... Nous avons visité le prieuré de Saint-Pierre, où nous avons trouvé tout en bon état, excepté les choses temporelles, car il est dû 280 livres à l'abbé et 100 de côté et d'autre.

» trousser son harnois et ses coffres et s'en vint à Paris : là fut si contrainte
» de mal qu'il lui convint à rendre l'âme. Quant elle fu morte, les nobles
» hommes du pays la portèrent en une chaière d'or parmi Paris toute vestue
» comme Royne, la couronne d'or en la teste. Les crois et les processions
» si la convoièrent jusques à une abbaye de nonnains de lès Pontoise
» qu'elle fist faire au temps qu'elle règnait. » (Edition Paulin Páris, 1838).

(1) Valmondois.

1254.

11 octobre (1). Nous avons couché dans l'abbaye de Saint-Martin de Pontoise.

12 octobre. Nous avons tenu le saint synode dans l'église de la Bienheureuse Marie de Pontoise (2), et le même jour nous avons couché dans la susdite abbaye.

21 novembre. A l'abbaye de St-Martin de Pontoise.

22 novembre. Au même lieu, que nous avons visité. Il y avait 25 moines, mais l'abbé doit en envoyer trois dans les prieurés. Il y a un diacre, un sous-diacre, deux novices, les autres sont prêtres....

23 novembre. Nous avons visité le prieuré de Saint-Pierre de Pontoise, qui a cinq moines. Ils ne lisent pas la règle de leur ordre et n'ont pas les statuts du pape Grégoire. Nous leur avons enjoint de se les procurer et de les lire....

Le même jour, nous avons visité le chapitre de Saint-Mellon. Il y a neuf chanoines et un trésorier (3). Chacun a son vicaire, qui est prêtre. Ils doivent avoir un diacre et un sous-diacre. Ils n'ont pas assez de nappes d'autel. Il y a encore manque d'amicts et d'aubes. Nous leur avons enjoint de raccommoder de nouveau les chapes de soie. Ils manquent de cloches, elles ne sont pas montées et il n'y a pas de bois pour ce travail. L'un des chanoines nous a dit que le chapitre avait décidé que, pour parer à ces déficits, ils fourni-

(1) Il revenait alors de Rome.

(2) C'est Notre-Dame de Pontoise, en latin : Ecclesia Beatæ Mariæ Pontisarensis.

(3) Le supérieur de ce chapitre s'appelait alors Trésorier. Plus tard, Rigaud lui-même conféra à ce supérieur le nom de *Doyen*.

raient, d'ici à Noël, de leurs prébendes, jusqu'à 60 livres..... Et le soir, nous avons couché à Saint-Martin....

Nota. — S'occuper de remplacer le procureur du monastère, des réparations de la couverture et du manque de livres saints et de copistes.

1255.

19 mars. ....Nous avons aujourd'hui assigné définitivement maître Hamaury, curé de Courdimanche (1), pour le lundi suivant la fête de saint Marc l'Evangéliste, soit devant nous, à Rouen, ou à l'endroit où nous nous trouverons, si c'est auprès de Rouen, soit devant notre official, si nous sommes éloigné de Rouen, afin qu'il se justifie (2), par le serment de douze prêtres de son rang, sur les faits qui lui sont reprochés à juste titre, croyons-nous. La présente décision a été prise en présence de maître Etienne, archidiacre du Vexin français et official de Rouen, et de, etc....

23 avril. A Pontoise, et là, entre le roi notre souverain et nous, il a été ainsi décidé : L'archevêque de Rouen déléguera un ecclésiastique capable de remplir cette fonction, qui sera tenu de résider en personne à Pontoise, pour y connaître de toutes les causes des bourgeois de cette ville, lorsqu'elles appartiennent à la

(1) En latin : Curia Dominica. Cette paroisse dépendait du doyenné de Meulan.

(2) Le texte porte : *faceret purgationem.* On dit encore maintenant, en style figuré, *purger* une contumace. On appelait alors *purgatio canonica* le serment fait par un certain nombre de personnes de la profession et de la dignité d'un accusé, et en sa présence, pour confirmer la véracité de celui que lui-même venait de prêter solennellement d'être innocent du délit reproché.

juridiction ecclésiastique, et qui s'en saisiront sur simple plainte, excepté toutefois qu'il ne pourra connaître des crimes de faux, sacrilége, hérésie, usure, simonie, desquelles dernières causes lesdits bourgeois seront tenus de répondre, sur simple plainte, devant l'archevêque de Rouen ou son official, et non devant la personne déléguée comme on vient de le dire. A l'égard de toutes les autres causes, lesdits bourgeois ne pourront pas être tenus, par simple plainte, de sortir de la banlieue de Pontoise pour en répondre devant l'archevêque ou son official. Il pourra, toutefois, être librement et licitement appelé devant l'archevêque ou son official, de la personne ainsi déléguée, tant sur les griefs que sur les sentences par lui rendues, ou toutes les causes qui seront de sa compétence. L'ecclésiastique délégué sera tenu, vis-à-vis des bourgeois, d'observer leurs coutumes raisonnables et anciennes.

18 mai (1). Le Roi notre sire nous a donné, pour nous et nos successeurs, l'archidiaconé de Pontoise, avec toutes ses dépendances, et dans lequel sont les églises énumérées dans le *Registre des Eglises* (2).

(1) L'acte de donation à Rigaud n'est pas reproduit dans le manuscrit. On le trouvera soit dans Deslions (page 223), soit dans les Recherches historiques de l'abbé Trou (page 67). Remarquons que la charte authentique est datée de Paris le dimanche fête de la Trinité, 1255 (c'est-à-dire le 23 mai 1255), et que M. Trou y a mis la date de 1254. Rigaud a indiqué que la donation avait été faite cinq jours avant la date de la charte ; il avait eu sans doute, dès le 18 mai, la promesse du roi.

(2) Sous ce nom, Rigaud renvoie à un autre registre contenant l'énumération de toutes les églises et chapelles de son diocèse ; c'est ce que l'on appelle un *Pouillé*. Le pouillé de Rigaud nous est aussi parvenu, et nous en parlerons dans un prochain chapitre.

Jusqu'à la donation faite par saint Louis, l'archidiaconé de Pontoise, comprenant cette ville en grande partie, et les paroisses d'Ennery, Osny, Génicourt, Livilliers et Puiseux, formait ce que l'on appelait l'*exemption* de Pontoise, ne relevant d'aucun archevêque ni évêque.

27 mai. .....Hamaury, ex-curé de Courdimanche, a fait appel de notre sentence....

23 juillet. ......Nous avons fait transporter de Courdimanche à Ws et remettre au curé de ce dernier village deux aubes, deux amicts, trois habits sacerdotaux, un calice, une croix d'argent, un bréviaire en deux parties, un missel, un graduel et la table d'autel consacrée (1).

31 juillet. ....Nous avons averti Hamaury, que notre official avait suspendu de la cure de Courdimanche, de se garder de s'immiscer dans la direction de cette église et d'en détenir les biens et revenus, faute de quoi nous serions obligés d'agir contre lui avec toute la rigueur du droit....

25 août. A Pontoise, en l'abbaye de Saint-Martin : Maître Hamaury, ex-curé de Courdimanche, a renoncé à l'appel qu'il avait fait tant contre nous que contre notre official, qui l'avoit privé de sa cure, et il a juré de ne plus troubler désormais quoi que ce soit....... des dépendances de ladite église................. Ce serment fait en présence de maître Pierre d'Aumale, chanoine de Rouen, et trésorier de Saint-Mellon de Pontoise ; de Jean, prêtre, maître de Saint-Lazare de Pontoise ; de Benoist, curé de Saint-Ouen, près Pontoise ; de Guidon, son chapelain.....

1256.

4 avril. Nous avons visité le chapitre Saint-Mellon de Pontoise........ Ils n'ont que deux graduels et deux antiphonaires ; ils n'ont pas de psautiers, le tout

______

(1) Hamaury s'était rendu coupable d'inconduite, et on voit que notre archevêque savait agir avec énergie.

en sus des déficits déjà signalés dans une de nos précédentes visites. Le vicaire Lucas officie en dehors de son église, contre sa promesse ; nous lui avons défendu aussi d'aller chanter dans la chapelle du château royal...

Le même jour nous avons visité le prieuré de Saint-Pierre, où il y a cinq moines. Ils doivent 300 livres à l'abbé et 60 livres à d'autres personnes.....

Nota : S'occuper du prieuré de Waumondois, qu'on a engagé sans autorisation.

5 avril. Nous avons visité l'abbaye de St-Martin de Pontoise. Une partie du personnel a été envoyée dans d'autres maisons de l'ordre ; il ne reste au couvent que neuf moines, et deux dans l'infirmerie, l'un lépreux et l'autre impotent. Nous avons défendu à l'abbé de recevoir personne dans le monastère, ni même d'hôte, sans notre autorisation, à moins qu'il ne s'agisse de quelqu'un de la famille royale ou de telle qualité que ce refus puisse nuire aux intérêts de l'abbaye. Les moines ont des clefs et des coffres, nous avons enjoint à l'abbé de s'emparer plusieurs fois par an des clefs à l'improviste et de visiter les coffres, afin de détourner les moines de posséder quoi que ce soit. Quand le personnel a été diminué, ils devaient 1400 livres et ils les doivent encore à peu près, mais ils ont du vin et du blé à vendre pour 500 livres, desquelles 200 sont destinées aux frais des vendanges et 300 à payer diverses dettes. Nous avons enjoint à l'abbé et à notre préposé à Pontoise, sous la peine de l'excommunication, de ne recevoir aucun hôte quand on pourrait l'éviter, sans compromettre la maison, et aussi de ne donner aucune pension sans notre autorisation. Nous leur avons encore interdit de louer sans notre ordre, aucune de leurs

maisons, à des bourgeois ou autres personnes pour plus de trois ou quatre ans...... On reproche au prieur de fréquenter la maison d'une dame de Beaumont qui habite aux Vaugeroux (Vallis girodi) près Pontoise.

12 juillet. A Pontoise, nous avons visité l'Hôtel-Dieu de Pontoise (1). Il y a dix frères y compris le chapelain ; et cinq sœurs........ Voici quels sont les revenus qu'on nous a dit appartenir à cette maison :

24 arpents de terre en quatre endroits, dans les diocèses de Paris, Beauvais et Rouen ; 16 arpents de vigne, sans compter l'arpent qu'on dit leur avoir été enlevé ; en cens 16 livres ; 3 arpents de prés ; un moulin qui rapporte 12 muids (2) de blé ; la dîme d'Ennery valant 6 muids, deux tiers en blé, un tiers en avoine ; et à Hues (3) six setiers et cinq mines de blé et cinq mines d'avoine.

15 juillet. A Marines.

(1) En latin *Domus Dei*, c'est-à-dire la maison de Dieu. L'Hôtel-Dieu de Pontoise passe pour avoir été fondé par Saint-Louis, en mai 1258 (M. Trou, dans ses recherches historiques sur Pontoise, dit même en 1259) ; on voit qu'il existait avant cette époque et l'on va voir plus loin qu'il était déjà doté. Des articles de M. Rocquain insérés dans l'*Écho pontoisien*, les 19 janvier et 9 février 1865, indiquent une existence bien antérieure puisqu'ils citent des chartes de 1197, 1201, 1204, 1213, 1224, 1227 ; on conserve dans les archives de l'hospice actuel l'original d'une charte de Philippe II (Philippe-Auguste), de 1198 autorisant l'Hôtel-Dieu à établir un moulin sur une des arches du pont de Pontoise. Mais cet ancien Hôtel-Dieu était peu important et situé place du Petit-Martroy, en face Saint-Maclou, vers l'emplacement de l'ancienne mairie. En 1258, Saint-Louis le transféra au bord de l'Oise dans son emplacement actuel et lui donna une organisation et une importance telles qu'on a pu à bon droit l'en appeler le fondateur.

(2) Le muid valait 14 setiers de 12 boisseaux ; la mine un demi-setier.

(3) La commune d'Ws qui sur les anciens titres s'écrivait le plus souvent Hus ou Us. Mais comme il y a six cents ans, l'U s'écrivait W, on a cru bien faire en reprenant cette singulière manière d'écrire Ws.

16 juillet. - Nous avons fait la dédicace de l'église de Marines. (1)

1257.

25 mai. A Saint-Martin de Pontoise.

26 mai. Nous l'avons visité. Il y avait 19 moines résidant...... *Ils doivent 1000 livres, mais ils devront en emprunter 200 pour faire les vendanges et l'août (la moisson)......*

27 mai. Nous y avons célébré la fête de la Pentecôte.

16 juin. A Pontoise. Nous avons visité le chapitre de Saint-Mellon. Les chanoines prébendiers ne sont pas astreints à la résidence. Il y a dix vicaires, un diacre et un sous-diacre, deux chapelains. Rien de ce que nous avions prescrit de faire n'a été exécuté, (2) excepté le clocher qui est tout à fait réparé et la couverture du monastère qui est à moitié refaite.

Le même jour, nous avons visité le prieuré de Saint-Pierre. Il y a cinq moines, tous prêtres.....

17 juin. A Auvers......., et là nous avons administré la Confirmation.

4 octobre. A Pontoise. Nous avons célébré l'office de Saint-François dans la maison des Cordeliers et nous avons mangé avec eux dans le réfectoire.

---

(1) C'était le 6e dimanche après la Pentecôte et voici les termes mêmes du manuscrit. « XVII. Kal. Augusti. Dedicavimus ecclesiam de Marinis. » Il n'y a rien de plus. Rigaud ne perd pas son temps à faire des phrases.

(2) Non-seulement Rigaud avait prescrit dans ses précédentes visites de faire des réparations, mais en 1255 il avait envoyé ses ordres à ce sujet à « son cher et fidèle maître Raoul de Saint-Gildard, son vice-gérant à Pontoise et dans le Vexin français » et celui-ci lui avait répondu en 1256. Les deux lettres sont reproduites au manuscrit; il ne nous a pas paru utile de les rapporter autrement.

1258.

19 juillet, à Pontoise. Nous avons visité l'abbaye de Saint-Martin. Nous y avons trouvé 22 moines, trois d'entre eux sont novices..... Ceux qui ne sont pas prêtres communient et se confessent une fois par mois. Ils ont des dettes...... et comme les affaires de la maison nous ont paru en mauvais état, nous avons délégué notre frère Adam Rigaud et maître Richard de Sapo pour procéder à une enquête......

7 août. A Pontoise en l'abbaye de Saint-Martin.... Nous avons prescrit à l'abbé de chercher et appeler immédiatement auprès de lui, quelque personne expérimentée, clerc ou prêtre, pour le conseiller et l'aider lorsqu'il s'agira de traiter les affaires temporelles de la maison. Nous avons ordonné aussi que notre vicaire à Pontoise assisterait aux redditions de comptes, et que chaque mois on ferait devant tout le couvent le compte de toutes les recettes et dépenses, grosses et menues, et qu'il en serait dressé des états qui resteraient : l'un à l'abbé, l'autre à notre vicaire, et le dernier à la maison. Enfin, nous avons enjoint à l'abbé d'assister en personne aux ventes et aux mesurages des grains, du vin et des autres produits de la maison, et de ne plus avoir de préposé à leur garde, sans notre autorisation spéciale. Voici quelles étaient les dettes de l'abbaye le samedi avant la fête de Sainte-Marie-Madelaine de l'année 1258...... Au total 1012 livres et 2 muids de blé.

Elle avait à recevoir... des fermiers de Bautelu, 14 livres ; du fermier de Valengouiart (*sic*), 10 livres ; du fermier de Laria (1), 8 livres ;.... du fermier de Hérou-

---

(1) Est-ce des Larris à Pontoise?

ville, 6 livres ;...... de Henri, jeune, de Pierrelaie (Petra lata), 60 sous ; on lui devait aussi sept muids de seigle......

Ensuite nous avons adjoint à l'abbé et nommé son coadjuteur, pour l'administration et la gestion des affaires temporelles, maître Houdouin, prêtre de Fermecort (1) et nous avons reçu de ce dernier le serment de se conduire avec fidélité.

28 août (2). A Pontoise, où par la permission divine, nous avons expliqué la parole de Dieu à Saint-Mellon, que nous avons ensuite visité. Les prébendiers ne sont pas astreints à la résidence. Un seul chanoine, maître Lucas, était ici présent et résidant en ce moment. Il y a dix vicaires, un diacre, un sous-diacre, deux chapelains. Il n'y avait ni syndic, ni procurateur, (3) nous avons prescrit d'en nommer. Ils n'ont pas suffisamment de nappes d'autel, ni d'ornements ; nous avons enjoint d'y pourvoir. Les châsses dans lesquelles reposent, dit-on (4), les corps de quelques saints et celui de Saint-Mellon sont tellement détériorées et consommées par la vétusté, qu'à peine on peut y toucher de la main. Nous avons prescrit d'y remédier et de faire relier les livres. Nous avons enjoint aussi audit maître Lucas de ne pas tenir le chapitre ailleurs que dans l'église de Saint-Mellon ou dans la ville de Pontoise, d'avoir soin de

(1) Frémécourt, sans doute.

(2) Il revenait de Noyon où il avait assisté à l'ouverture de la châsse de Saint-Eloi ; il rapporte que les os de ce Saint avaient été trouvés enveloppés de cuir.

(3) Le syndic était préposé à la discipline et à la conservation des droits de la maison ; le procurateur était l'économe.

(4) Cela signifie simplement qu'il n'a pas ouvert les châsses.

mieux plier, conserver et réparer les toiles et les vieux ornements d'autel et de les tenir mieux et plus proprement.......

1258.

Le même jour (28 août), nous avons inspecté le prieuré de Saint-Pierre,... et reçu notre redevance (1), puis nous avons couché à Saint-Martin.

21 novembre, à Saint-Martin de Pontoise. Nous avons convoqué devant nous les curés et les chapelains de l'archidiaconé de Pontoise, et nous avons tenu notre Synode........

1259.

3 octobre. A Pontoise, en l'abbaye de Saint-Martin, que nous avons visitée..............

(1) Nous avons déjà expliqué ce qu'était cette redevance (ou en latin *procuratio*).

Elle s'élevait pour Saint-Mellon, à cent sous parisis; et variait de cent sous à sept livres pour Saint-Pierre et Saint-Martin. De plus ces trois maisons devaient fournir à Rigaud, lors de ses visites, un logement garni de lits, linge de ménage, bois à brûler, vaisselle de table et de cuisine, et ustensiles de cuisine; plus de la paille et du foin pour les chevaux. A chaque visite qu'il y faisait, Rigaud marque avec détail ce qu'il a reçu de ce chef; nous n'en parlerons plus pour éviter des redites. De même, nous ne répéterons plus ce que Rigaud dit du nombre du personnel de ces maisons, si ce n'est en cas de changement. Il était en général : pour Saint-Mellon, de dix chanoines prébendiers, non astreints à la résidence, et qui, sans doute à cause de ce motif, s'efforçaient de dépenser le moins possible pour l'entretien de l'église ; de dix vicaires, d'un diacre et d'un sous-diacre. Pour Saint-Pierre, de cinq ou six moines ; à partir de 1260, Rigaud indique qu'ils sont de l'abbaye du Bec-Hélouin. (Cette abbaye était située dans le département de l'Eure, près de Pont-Audemer). Et pour Saint-Martin, de 25 moines y résidant, un diacre, un sous-diacre, deux à quatre novices, plus les moines qui étaient dans les prieurés en dépendant.

L'hôpital de Pontoise ne lui payait pas de redevance et ne l'hébergeait pas. Quant aux églises paroissiales de Pontoise et de ses environs, nous n'avons rien vu dans le journal à cet égard. Au reste Rigaud ne donne guère de détails sur elles et leur personnel ; il se contente de dire qu'il y a officié.

4 octobre. Nous avons prêché dans le cloître des frères Mineurs de Pontoise, et avec l'aide de Dieu, nous avons célébré une grand'messe pour la fête du bienheureux François; puis nous avons pris notre repas avec les frères dans le couvent.

5 octobre. Nous avons visité le chapitre de Saint-Mellon,....... les livres sont mal reliés. Il y a un tel manque de linges d'autels, que souvent ceux-ci sont nus.......

Ensuite nous avons visité le prieuré de Saint-Pierre...... et couché à Saint-Martin..... Ce jour-là, Roger, chapelain de Notre-Dame de Pontoise, nous a remis les comptes des revenus : sur la maison d'Eude des Andelys, dans la rue de la Foulerie, 4 livres de cens; Guillaume Bridard, de Saint-Martin, 4 sous; sur un arpent de terre à Osny, qui est au lieu d'Esious (1) 8 sous ; deux muids de blé sur le moulin du Bucherel; et un muid sur la grange d'Ymerech, (2) au village de Chavençon; Gautier, plâtrier, 15 sous de cens ; Roger, plâtrier, 7 sous ; sur la maison de Raoul Le Quartier, 6 sous de cens; Rouge-Loche, 4 sous sur sa maison sise à la Caveterie (1) ; Thibault Fitz-Grub, 7 sous sur deux pièces de terre qui sont dans les jardins de la Barre (3) ; la dame Adine de Leveline (4) 2 sous de cens sur son jardin.

1261.

11 février. Nous avons visité l'abbaye de Saint-Martin de Pontoise...... Nous avons enjoint de rap-

(1) Nous n'avons pas pu trouver ce que c'était qu'Esious et la Caveterie.
(2) Peut-être faut-il lire : *dixmeresses*, grange aux dîmes.
(3) Sans doute situés à la porte de Bar, près Notre-Dame de Pontoise.
(4) Ne faut-il pas lire : Livilliers?

peler du prieuré de Tour (1), au couvent, le père Jean Haubert, afin de le soumettre à une discipline plus sévère.

Le même jour, nous avons appelé devant nous les prêtres de l'archidiaconé de Pontoise et nous leur avons prescrit de se réunir devant notre vicaire le premier de chaque mois pour dresser leurs comptes et d'avoir les statuts synodiaux.

12 février, nous avons visité le chapitre de Saint-Mellon...... Ils n'ont ni légende, ni bible ; nous avons prescrit à maître Lucas d'aviser à en avoir en quantité suffisante ; cette décision a été prise après examen fait en vertu d'un ordre du roi notre sire, de savoir qui, du trésorier ou du chapitre, devait fournir les livres. Nous avons prescrit au même Lucas d'acheter, avec les deniers du chapitre qu'il avait, de la toile pour faire des aubes, des nappes d'autel, des amicts et ornements semblables..... Il n'y pas de rite uniforme ; les uns disent leurs heures à l'usage de Paris, les autres à l'usage de Rouen ; nous avons décidé que nous leur donnerions l'ordinaire à l'usage de Rouen et que notre volonté était qu'on le suive toujours... puis nous avons mangé dans la maison des frères mineurs.

Le même jour, nous avons visité le prieuré de Saint-Pierre....

13 février, nous avons... célébré la messe parois-

(1) Il s'agit sans doute du prieuré de Saint-Prix de Tour ; il dépendait de l'abbaye de Saint-Martin. Voir dans l'*Écho pontoisien* du 30 décembre 1875 un article de M. Joseph Depoin à ce sujet. Tor, Thor, ou Tour, en latin *Turnus*, était l'ancien nom de Saint-Prix, qui n'a pris ce dernier qu'après qu'on y eut apporté les reliques de Saint Prix, évêque de Clermont. On peut aussi consulter la savante notice de M. Lucien Double : « Les chroniques des pays de Rémollée et de Thor. » Paris, Meyrueis, 1869, un vol. grand in-8°.

siale, prêché et confirmé dans l'église de Saint-Maclou. Nous avons couché à Saint-Martin.

25 février, à Paris (pour le parlement).

Le même jour, Jean a, de son propre gré, résigné entre nos mains l'église d'Osny dont il était le curé.

17 juillet, à l'Isle-Adam *(Insula adæ)*.

18, 19 juillet, à Beaumont-sur-Oise *(Bellus mons super Ysaram)*. (1).

20, 21, 22 juillet, à Pontoise, et le 22 juillet, jour de la fête de la Bienheureuse Marie-Madeleine, nous et notre vénérable frère, l'Evêque d'Évreux, avec l'assistance du Roi notre sire et de la Reine, avons transporté processionnellement les corps de deux des onze mille Vierges, du château du Roi à l'abbaye de Notre-Dame la Royale (2) ; et, avec l'aide de Dieu, nous avons célébré la messe dans la chapelle du Roi notre sire. Nous avons couché à saint-Martin.

1262.

12 novembre. Nous avons couché à Saint-Martin, et le lendemain...., nous avons visité l'abbaye.... Les moines rompent le silence en parlant dans le cloître et le monastère, ce qui nous a beaucoup déplu ; nous

(1) Rigaud se borne à mentionner son séjour sans dire ce qu'il a fait pendant ces trois jours.

(2) Maubuisson, qui s'est appelé toujours Notre-Dame la royale. Le texte dit bien : *ad abbatiam Beatæ Mariæ Regalis.* M. Bonnin pensant qu'il s'agissait de Royaumont a ajouté entre parenthèses (montis), l'abbaye de Royaumont s'appelant *abbatia Regalis Montis.* Mais c'est une erreur de M. Bonnin, car lorsqu'il s'agit de Royaumont où Rigaud a, d'après son journal, été plusieurs fois et en octobre 1260 transféré aussi le corps d'une des 11,000 vierges, il a dit : *Regalis Montis.* Rigaud n'aurait pu le même jour aller et revenir en procession de Royaumont, et dire une messe au château de Pontoise.

leur avons rappelé qu'ils devaint observer mieux le silence. Les plus jeunes se servent de chemises ; nous leur avons prescrit de s'en défaire immédiatement et de n'user que de vêtements de laine..... Il y avait trois convers, ils ne se confessaient et ne communiaient que rarement. Nous avons prescrit au prieur de les obliger à se confesser plus souvent et de communier trois ou quatre fois par an au moins....

29 novembre. Nous avons visité le chapitre de Saint-Mellon de Pontoise, après y avoir fait une instruction pastorale.... Ils n'ont pas assez de livres de piété, et quoiqu'il y ait eu une enquête pour savoir qui devait les fournir, du Roi, du trésorier ou du chapitre, il n'y a rien eu de fait. Nous avons de nouveau prescrit à maître Lucas de faire réparer et compléter les aubes, nappes d'autel et amicts.

Le même jour, nous avons visité le prieuré de Saint-Pierre ; il y avait là quatre moines du Bec-Hélouin ; tous prêtres. Ils devraient être six, mais, comme le prieuré était chargé de dettes, il n'y avait pas plus de moines..... On y donne l'aumône trois fois par semaine. Grâce à Dieu, nous avons trouvé tout le reste en bonne situation.....

1263.

14 février, jour des Cendres, à Pontoise.

15 février. Nous avons donné audience à quelques moines qui venaient d'élire le frère Gautier, et nous sommes allé coucher à Paris.

12 mars, à Rouen, après avoir examiné impartialement le procès-verbal de l'élection de frère Gautier, de Sérifontaine, faite dans le monastère de St-Martin

de Pontoise, et pris l'avis de sages conseillers, nous avons décidé de l'approuver.

17 mars, avec la grâce de Dieu, nous avons célébré à Jumièges les saintes ordinations.

18 mars (1), au même lieu, et avec l'aide de Dieu, nous avons béni le frère Gautier, abbé de (Sᵗ-Martin de) Pontoise, et nous avons célébré une grand'messe.

8 décembre, à Saint-Martin de Pontoise....

9 décembre....., nous avons visité l'abbaye. Il y avait vingt-quatre moines. A Taverny (*Taberniacum*) il y avait un moine seul; nous avons prescrit de lui adjoindre un compagnon..... Trois fois par semaine l'aumône est donnée à tous ceux qui se présentent pour la demander.....

10 décembre, nous avons visité le chapitre de Saint-Mellon.

11 décembre, nous avons inspecté l'Hôtel-Dieu de Pontoise. Il y avait quatre *hommes de bien*... en habit régulier ou religieux, dont deux étaient prêtres. Ils avaient un maître ou recteur, prêtre séculier, Jean de Fennins, que le Roi avait nommé à cette fonction. Les quatre personnes, dont il vient d'être question, n'étaient assujetties aux règles d'aucun ordre religieux particulier et n'avaient pas prononcé de vœu. Il y avait treize sœurs, qui nous ont affirmé vivre sous la règle religieuse, et dont quelques-unes avaient fait les trois vœux d'obéissance, de chasteté et de pauvreté. Ils avaient 600 livres de revenu annuel et pas de dettes. La maison possédait quelques provisions, du vin pour toute l'année, mais pas assez de blé... Cinq servantes sont attachées à la maison.

____

(1) Jour de la Passion.

Le même jour, nous avons visité le prieuré de Saint Pierre, dont le prieur est Raoul de la Houblonnière..., et couché à Saint-Martin.

1264.

9 décembre, nous nous sommes rendu à l'église de Saint-Mellon, où après avoir expliqué la parole de Dieu, dans un local auprès de l'église, et qui sert de salle de chapitre, nous avons procédé à notre visite.... Nous avons trouvé, comme à nos précédentes tournées, qu'il y avait manque de rochets, d'ornements d'autels et de livres et qu'on n'avait rien fait à la couverture du couvent et du clocher.....

Puis nous avons visité le prieuré de Saint-Pierre.

10 décembre, nous avons visité l'abbaye de Saint-Martin.... Ils doivent 2,000 livres.... mais ils ont quatre-vingts muids de blé de reste de l'avant-dernière récolte et quarante tonneaux de vieux vin. Ils sont grevés de plusieurs pensions annuelles, et de plus l'évêque et l'archidiacre de Meaux ont droit pendant leur vie à la jouissance de deux maisons de l'abbaye....

1265.

3 mars. Nous sommes arrivé à l'Hôtel-Dieu de Pontoise et..... nous l'avons visité. Nous y avons trouvé cinq personnes, tant prêtres que sœurs, dont l'un est dom Joseph de Fennins, qui porte l'habit séculier et que le roi notre sire a constitué recteur de cette maison. Nous lui avons déjà confié, et lui confions encore, et lui commettons la direction spirituelle de tous les habitants de la maison, tant malades que bien portants, tant frères que sœurs. Il y a aussi un autre

prêtre, Jean, qui avait été chapelain de Maubuisson ;
comme il ne voulait ou ne pouvait pas visiter les
malades, et qu'il est d'un caractère emporté, et surtout
que, selon le dire de la supérieure, deux prêtres et
ledit recteur sont bien suffisants, nous avons prescrit
de lui faire quitter la maison pour toujours. Les frères
n'ont pas de règle religieuse ; les sœurs doivent se
soumettre à la règle de saint Augustin. Elles n'en ont
pas de copie, mais la supérieure nous a promis d'en
faire faire sans retard un exemplaire ; elles ont fait les
trois vœux d'obéissance, de chasteté et de pauvreté.
Nous leur avons enjoint de ne pas se confesser sans la
permission du recteur, et de lui indiquer le confesseur
qu'elles désireraient avoir. La maison n'a pas de
cimetière, ce qui cause des plaintes. Ils n'ont que peu
de dettes actives et passives, et ont assez de provisions
pour l'année, à ce qu'ils pensent, excepté du vin. La
plus grande partie de la maison menace ruine du côté
de la rivière. (1).

Le même jour, nous avons appelé et réuni devant
nous les prêtres de l'archidiaconé de Pontoise, et nous
leur avons prescrit d'obéir à notre vicaire comme à
nous-même, et de se conformer pour leur conduite
aux règles synodiales qu'ils ont. De même nous avons
prescrit à notre vicaire de visiter, en notre lieu, chaque
église au moins une fois par an.

10, 11 septembre, à Saint-Martin, près Pontoise. Le
roi y résidait à ce moment.

(1) Voilà donc l'Hôtel-Dieu de Pontoise installé au pied de l'Oise, sans
doute dans des constructions déjà anciennes, puisqu'elles menacent ruine.
Les chroniques disent que saint Louis le fit rebâtir avec l'amende qu'il avait
infligée à Enguerrand de Coucy. (Voir M. Trou, pages 71 à 73).

1266.

25 janvier, jour de la conversion de saint Paul. Nous sommes allé à l'église de Saint-Mellon de Pontoise; nous y avons célébré la messe et fait un sermon dans l'église, en présence des chanoines, des vicaires et des clercs de l'église, de beaucoup de chevaliers attendant le tournoi qui devait avoir lieu, près de Pontoise, le surlendemain, et d'une grande partie de la population de la ville..... puis nous sommes allé dans le local où les chanoines ont coutume de tenir leur chapitre, et où nous avons réuni devant nous les chanoines résidant, les vicaires, les chapelains et les clercs. Ensuite, nous avons procédé à notre inspection......... Nous avons prescrit à maître Symon, notre vicaire, de dire de notre part (1) à dom Vincent, chapelain, auquel la chapelle de Saint-Lazare, avec la direction des frères, des sœurs et des lépreux, venait d'être conférée, de résigner le vicariat qu'il avait dans l'église de Saint-Mellon, parce qu'il ne pouvait pas le tenir en même temps que ladite chapelle.

Et parce qu'il y a toujours insuffisance d'ornements d'église, nous avons prescrit à maître Symon de faire saisir assez des biens des chanoines pour se procurer la quantité d'aubes, de nappes d'autels et autres ornements que ceux-ci sont tenus de fournir. Puis nous avons prescrit au trésorier de faire relier ensemble diverses parties de Bible qu'il avait, et de faire réparer une maison en ruines, contiguë au local du chapitre...

(1) Nous nous sommes appliqué, non pas à faire du style élégant, mais à traduire presque littéralement. Les tournures de phrases de Rigaud sont tout à fait familières ; ainsi, en cet endroit il porte : *diceret ex parte nostrâ*. Tout cela est bien loin de la langue de Cicéron.

26 janvier. Nous avons visité l'abbaye de Saint-Martin et expliqué, dans le chapitre, la parole de Dieu.....

27 janvier. Nous avons inspecté le prieuré de Saint-Pierre..... et, le même jour, l'Hotel-Dieu..... Nous nous sommes enquis de l'état de la maison. Nous y avons trouvé treize sœurs voilées et deux prêtes à prendre le voile, toutes placées là, par le roi notre sire, pour y résider toujours, ainsi qu'un prêtre en habit séculier, Jean de Fennins, qui est chanoine de Péronne, et que le roi a constitué recteur et directeur à temps de ladite maison. Nous lui avons remis la direction spirituelle de tous les habitants de la maison, malades ou sains ; il y a avec lui quatre ecclésiastiqnes, dont deux prêtres et deux sous-diacres, qui doivent, si Dieu le permet, être successivement promus aux fonctions de prêtres et de diacres lorsqu'ils auront achevé le temps nécessaire pour cette promotion......

1267.

23 février. Visité le prieuré de Saint-Pierre, à Pontoise...... et l'Hôtel-Dieu...... Nous y avons trouvé Jean de Fennins, prêtre séculier, que le roi a établi recteur et directeur de la maison. Il est aussi chanoine de Saint-Mellon et conseil de la supérieure pour l'administration des biens de la maison. Il y a quatorze sœurs (1), deux prêtres en habit régulier (2) et

(1) Quatorze sœurs sont encore attachées maintenant à l'hospice de Pontoise, et dans une des chartes de Saint-Louis, conservées dans la maison, ce roi prescrit que ce nombre ne doit pas être dépassé.

(2) Habit régulier : c'est-à-dire, costume d'un ordre monastique, par opposition à l'habit séculier, costume des ecclésiastiques qui vivent dans le monde, le *siècle*.

un autre prêtre qui officie en la chapelle du château. Ces deux prêtres n'ont pas fait de profession et ne savent quelle règle ils doivent suivre. C'est pourquoi, de leur consentement et de celui de la supérieure, nous leur avons ordonné de porter sur leurs vêtements une tunique blanche ou un habit blanc et une cape noire. Nous prendrons l'avis du Roi sur la règle qu'ils devront suivre. Quant aux sœurs, elles doivent observer la règle de saint Augustin et faire les trois vœux. Le directeur susdit a la charge des âmes de tous les habitants malades ou non de la maison. Ils doivent, à cause d'un achat fait récemment (1), cent livres parisis à maître Godefroy, de La Chapelle, chevalier ; et ailleurs, dans la ville, cinquante livres.

24 février, jour de la fête de saint Mathieu, nous avons célébré la grand'messe dans l'église de Saint-Mellou et nous y avons prêché, en présence des chanoines, des chapelains et des vicaires de ladite église. Ensuite, nous nous sommes rendu avec eux dans la maison où ils ont coutume de tenir leur chapitre, et nous avons procédé à l'inspection de leur maison...........:. La toiture et les vitres au-dessus de l'autel de saint Jean ont besoin d'une pressante réparation. Les vicaires et les chapelains se sont plaints à nous que les curés de Saint-Maclou et de Saint-André ne venaient pas à Saint-Mellou faire, suivant l'usage, l'oraison du patron de l'église et chanter le troisième respons, ainsi qu'ils y sont obligés (2) ; sur quoi nous

(1) Quel achat ? nous ne le savons pas.

(2) Saint-Mellon passait pour l'église la plus ancienne de Pontoise. M. Trou dit (page 81), qu'elle fut construite en 1286. Il n'a sans doute voulu parler que d'une reconstruction. En tout cas, elle avait la prééminence sur les autres églises de la ville.

avons prescrit à notre vicaire de s'informer de ce qui en est. Le doyen et les chanoines étaient en difficulté avec les vicaires au sujet d'une maison appelée la maison du Chapitre, et il y avait à ce sujet entre eux un grand litige devant l'Official de Soissons. S'autorisant de lettres du Légat, le doyen et les chanoines avaient porté là cette cause. Cela nous a beaucoup déplu ; aussi, nous avons mandé aux doyen et chanoines de se désister de cette action vexatoire et de la faire juger devant notre vicaire.

Le même jour, visité Saint-Martin.....

1268.

19 mai..... Nous sommes arrivé à l'Hôtel-Dieu de Pontoise, où nous avons d'abord expliqué la parole de Dieu dans un local à côté de la chapelle ; puis nous avons fait notre visite. Nous avons trouvé Jean de Fennins, chanoine de Saint-Mellon de Pontoise, nommé par le roi gardien et recteur de cette maison et deux chanoines en habit régulier, qui célèbrent l'office divin de nuit et de jour et entendent la confession des malades. Ledit Jean, recteur, a la direction des âmes de tous les habitants de la maison. En plus il y a quatorze sœurs voilées et une autre qui est reçue et va bientôt prendre le voile et aussi quatre convers. Nous avons prescrit à la supérieure et à maître Jean d'appeler désormais, chaque fois qu'il s'agira d'établir des comptes, deux sœurs d'âge et d'expérience, choisies par les autres, et les deux prêtres cités plus haut........ et nous avons couché dans notre hôtel, établi dans la ville.... et dans lequel réside notre vicaire. (1)

(1) Le latin dit : *in manerio nostro.* C'est l'ancien hôtel du grand

20 mai. Nous avons célébré la messe paroissiale, prêché et confirmé dans l'église Notre-Dame de Pontoise, cejourd'hui, dimanche après l'Ascension, et nous avons couché dans notre manoir.

21 juin. Nous avons....... fait la visite de Saint-Mellon.... et de Saint-Pierre. Puis, dans cette église du Bienheureux Saint-Pierre, nous avons, avec l'aide de Dieu, confirmé un grand nombre d'enfants. Nous avons couché dans notre hôtel.

1269.

22 février, à Beaumont-sur-Oise.

17 octobre. Nous avons réuni le synode du Vexin Français dans l'abbaye de St-Martin, près Pontoise.

4 décembre, à Saint-Martin de Pontoise. Jour de la fête de Saint-Nicolas. Nous avons visité l'abbaye....., elle est grevée de 1,100 livres de dettes......

6 décembre. Nous avons visité le chapitre de Saint-Mellon ; nous avons prescrit de réparer le plancher qui est au-dessous des cloches et de refaire les burettes d'argent.....

7 décembre. Nous avons visité le prieuré de Saint-Pierre, où il y avait cinq moines du Bec-Héloin.

Nous avons trouvé dans l'Hôtel-Dieu que, grâce à Dieu, toutes les choses spirituelles et temporelles étaient en bon état. Puis nous sommes allé à Conflans.

Du 8 au 16 décembre, à Paris.

Là s'arrête le registre de Rigaud ; ce prélat partait avec Saint Louis pour la seconde croisade de ce roi.

vicariat de Pontoise. Celui qui existe encore et qui sert en ce moment de tribunal n'a été bâti, suivant M. Trou, qu'en 1468. En tout cas c'est la première fois que Rigaud parle de cet hôtel.

Sans doute, après son retour, Rigaud a tenu note de ses tournées pastorales. Mais le registre tenu postérieurement n'a pas été retrouvé. Souhaitons qu'il soit un jour exhumé de la poussière de quelque chartrier !

Quant à celui que nous venons d'analyser, nous n'avons pas besoin de faire ressortir l'importance des renseignements qu'il renferme ; nous n'en avons extrait que ce qui concerne Pontoise et son canton ; et nous ne craignons pas de dire qu'aucun autre ouvrage antérieur au xvi⁰ siècle ne donne autant de détails sur Pontoise. On voit que ce n'était pas un château-fort ou une maison de campagne de nos rois, mais une ville importante.

De plus, cet ouvrage est riche en documents de toute nature sur tout le Vexin et tout ce qui composait l'ancien diocèse de Rouen.

Quoique tiré depuis peu de temps de l'oubli, il était déjà connu depuis longtemps, car dom Duplessis, dans sa « *Description géographique et historique de la Haute-Normandie* » (Paris, Didot. 1740. 2 volumes in-4°), en avait déjà parlé. A notre époque, où les recherches historiques ont pris une si grande et si judicieuse extension, était réservée la gloire de le publier.

Son importance a été jugée telle que de nombreux extraits viennent d'en être publiés dans la grande collection des anciens historiens de la Gaule et de la France, éditée par le Gouvernement.

Le registre de Rigaud contient en outre, dans sa seconde partie, un certain nombre de documents assez intéressants parmi lesquels nous avons remarqué :

1°. Les statuts donnés par le pape Grégoire IX, pour

la réforme des moines de l'ordre de Saint-Benoist, statuts dont Rigaud parle souvent.

2°. Une nomenclature d'ordinations faites par Rigaud. Voici celles qui nous intéressent :

En 1260. Acolyte : frère Guillaume, de l'Hôtel-Dieu de Pontoise. — Diacre : Lucas, bénéficiaire en l'église de Saint-Martin de Pontoise.

En 1261. Acolyte : frère Laurent, de Puiseux. — Prêtres : maître Gaultier, curé de Notre-Dame de Pontoise. — Robert, au vicariat de Saint-Mellon de Pontoise. — Eude, titulaire de l'abbaye et du couvent de Notre-Dame la Royale, près Pontoise (Maubuisson).

En 1263. Diacre : maître Ricard, de Saint-André de Pontoise. Et successivement sous-diacre, diacre et prêtre de l'abbaye de Maubuisson, Pierre.

En 1265. Frère Jean et frère Barthélemy, chanoines de l'Hôtel-Dieu de Pontoise, sont ordonnés successivement acolytes, diacres et prêtres.

En 1266. Lucas, successivement sous-diacre puis prêtre de la chapelle d'Osny. — Diacre : Robert, vicaire de Saint-Mellon de Pontoise.

En 1267. Acolyte puis sous-diacre : Michel de Valmondois. — Sous-diacre : Pierre, vicaire en l'église de Saint-Mellon de Pontoise. — Prêtre : frère Hugues, moine de Saint-Martin de Pontoise. — Pierre, vicaire de l'église (?) de Pontoise.

3°. Le traité de paix de 1259.

4°. Et un acte en latin dont voici la traduction :

« Frère Eude, par la permission divine, ministre indigne de l'église de Rouen, à tous ceux qui verront ces présentes lettres, salut éternel en notre Seigneur Jésus-Christ. Nous vous faisons savoir ce qui suit :

» Lorsque discrète personne, maître Haymon, anciennement archidiacre de Pontoise, a résigné son titre entre les mains de notre excellent Sire Louis, par la grâce de Dieu, illustre roi des Français, cela a été spontanément et librement, et il n'y avait eu de notre part aucun pacte prohibé, fait avec lui, de quelque manière que ce soit. Puis l'illustre roi, notre Sire, a pieusement et à titre de pure libéralité, et pour l'honneur de Dieu et de la Bienheureuse Marie toujours Vierge, conféré le vicariat de Pontoise avec son droit, sa juridiction et toutes ses appartenances à nous et à l'église de Rouen, pour être possédé par nous et nos successeurs, à perpétuité, librement et sans que personne puisse y contester. Nous avons ensuite pensé qu'il n'était ni juste ni convenable, que maître Haymon, qui avait été investi d'une telle dignité, se trouvât, lorsqu'il était déjà avancé en âge et accablé de vieillesse, sans ressources ou au moins hors d'état de vivre suivant son rang. C'est pourquoi, mû par une inspiration divine, nous lui concédons et donnons, du consentement de notre chapitre de Rouen, quarante livres parisis de pension annuelle, tant qu'il vivra en habit séculier, (payables) 20 livres à la fête de Saint-Michel au Mont Gargan (1), et 20 livres à la fête de la résurrection de Notre Seigneur. A quoi nous et nos successeurs, du consentement de notre chapitre, nous obligeons. Nous d'ailleurs, membres du chapitre de Rouen, consentons à cette libéralité et concession. En témoignage de quoi, nous et notre chapitre avons fait

(1) Le mont Gargano ou Saint-Ange, près de Naples.

sceller les présentes lettres de nos sceaux. Donné à Paris, le samedi après la Pentecôte (22 mai), de l'an du Seigneur 1255 (1). »

(1) Cette pièce n'a pas été connue de Deslions ni des autres personnes qui ont critiqué la donation de 1255. Ils en auraient tiré de terribles arguments contre la réunion de l'archidiaconé de Pontoise au diocèse de Rouen.

CHAPITRE II

LE POUILLÉ DE RIGAUD

On a vu, sous le chapitre Ier, que Rigaud, au moment
où il relatait la donation par saint Louis, en 1255, de
l'archidiaconé de Pontoise, se référait, pour l'énumération des églises qui en dépendaient, à un « *Registre des
Eglises.* » L'original de ce registre nous est aussi parvenu. Rédigé en latin, il est conservé à la Bibliothèque
Nationale, dans le fond latin sous le n° 11,052 (avant
supplément latin n° 718). Déjà cité par le savant Dom
Duplessis, dans sa description de la Haute-Normandie,
dont nous avons parlé au premier chapitre, ce registre
est habituellement connu sous le nom de « *Pouillé de
Rigaud.* » (1) Cependant, en l'examinant, on reconnaît
qu'il a été composé sous Pierre de Colmieu, 55e archevêque de Rouen (1236-1244) et tenu au courant, au

(1) On appelle *pouillé* (ou pouillié et même pouillier), un état ou dénombrement des églises d'un diocèse.

moyen d'additions et d'annotations successives, par ses successeurs : Eude Clément (1244-1247), Eude Rigaud (1248-1275) et Guillaume de Flavacourt, qui succéda à Rigaud. (1)

Ce registre contient le nom de toutes les églises de l'ancien diocèse de Rouen, rangées par *Doyenné*, avec l'indication du « vocable, » du patron (c'est-à-dire collateur du bénéfice), des noms des curés, vicaires ou chapelains pendant une période de quarante ans environ, du revenu, et surtout avec le nombre des paroissiens de chaque église. (2) Cette dernière indication est d'autant plus précieuse qu'elle constitue le plus ancien dénombrement connu. On voit donc l'importance considérable de ce document. Tous ceux qui s'occupent de l'histoire des pays ayant fait partie de l'ancien diocèse de Rouen, y trouveront des renseignements précieux ; souvent il sera le plus ancien document connu sur beaucoup des localités de ce ressort. Aussi les savants continuateurs du « *Recueil des Historiens des Gaules et de la France,* » MM. de Wailly, Delisle et Jourdain, (3) membres de l'Institut, ont cru

(1) **Voir** la liste des archevêques de **Rouen** et l'énumération des paroisses du diocèse dans la « *Topographie Ecclésiastique du département de Seine-et-Oise*, » l'excellent ouvrage de M. Dutilleux. Versailles, 1874, in-8°. Nos lecteurs n'ignorent pas que M. Dutilleux est l'auteur de diverses publications historiques sur Seine-et-Oise, du plus grand mérite.

(2) Par ce mot : *paroissiens*, il faut entendre : « *familles de paroissiens.* » Or, si on multiplie le chiffre porté au « registre, » par 3 1/2 ou 4, comme il est d'usage de le faire lorsqu'il s'agit de « feux, » on aura, à peu près le chiffre de la population. Malheureusement, on verra que ce document manque, en ce qui concerne Pontoise et les paroisses de son « exemption. »

(3) M. Delisle est l'éminent directeur de la Bibliothèque nationale. Quant à M. Jourdain, il est presque l'un de nos compatriotes, car il habite depuis longtemps Taverny, pendant l'été.

devoir publier le manuscrit en question dans le XXIIIe tome de cette incomparable collection. (Paris, Imprimerie Nationale, 1876, in-folio). Il y figure sous le nom de : *Polyptychum Rotomagensis diœcesis* (Pouillé du diocèse de Rouen).

Nous allons reproduire, en le traduisant du latin, tout ce qui concerne le canton de Pontoise, en ne faisant d'autres changements que d'ajouter, entre parenthèses, quelques mots pour expliquer le texte, et de supprimer quelques détails inutiles. Après le nom actuel de chaque localité, nous ajouterons entre des tirets son nom tel qu'il est écrit dans l'original.

ARCHIDIACONÉ DU VEXIN FRANÇAIS

Doyenné de Meulan

L'église de Saint-Martin de Courdimanche — Curia Dominica — vaut 20 livres parisis. 62 paroissiens. L'abbé du Bec (patron) a présenté le prêtre Richard, en fonction en ce moment, reçu par (mon) seigneur Maurice (archevêque de Rouen de 1231 à 1235).

L'église de Saint-André de Boissy — de Boissiaco — vaut 32 livres parisis. 180 paroissiens. L'abbé de Saint-Denis en France a présenté le prêtre Philippe, en exercice, reçu par (mon) seigneur Thibaut (archevêque de 1222 à 1229).

L'église de Sainte-Marie de Gérocourt — Girencort — (1) vaut 15 livres parisis. 30 paroissiens. L'archevêque (de Rouen) patron. L'archevêque Eude

(1) Gérocourt fut une paroisse distincte jusqu'à la Révolution. Ce n'est plus maintenant qu'un hameau dépendant de Génicourt.

Rigaud l'a conférée à Guillaume de Sappo, puis à maître Raoul, clerc.

L'église de Saint-Léger de Menucourt — Meunencort — vaut 10 livres parisis. 40 paroissiens. L'abbé de Fécamp a présenté le prêtre Guillaume, qui est en exercice, et a été reçu par (mon) seigneur Pierre (de Colmieu).

L'église de Sainte-Marie de Auvers (*sic*) vaut 30 livres parisis. 300 paroissiens. Elle est tenue par deux chanoines de Saint-Vincent de Senlis.

ARCHIDIACONÉ DE PONTOISE (1)

L'église de Saint-Maclou de Pontoise a deux (2) charges de curé; chacune vaut 40 livres parisis. Le trésorier de St-Mellon de Pontoise, patron.... L'archevêque Eude Rigaud a reçu Jean, prêtre, pour la charge qui avait appartenu à maître Barthélemy, sur la présentation dudit trésorier. De même il a, sur la présentation du doyen de Saint-Mellon, reçu maître Eude pour la charge ayant appartenu à maître Pierre; puis maître Symon de Gaies (?) en remplacement du prêtre Jean.

L'église de Saint-Pierre. L'abbé du Bec, patron; vaut 10 livres parisis... Eude Rigaud a reçu Jean, prêtre, sur la présentation dudit abbé, puis un autre maître Jean, et ensuite maître Raoul Lambert.

(1) Nous rappelons que cet archidiaconé constituait l'*exemption* de Pontoise, réunie, comme nous l'avons déjà dit, en 1255, par Saint-Louis à l'Archevêché de Rouen.

(2) On a déjà dit que Saint-Maclou avait eu deux curés à la fois, jusqu'en 1736.

L'église de Saint-André : le trésorier de Saint-Mellon de Pontoise, patron ; vaut 20 livres parisis. Eude Rigaud a reçu maître Guérin, sur la présentation du doyen de Saint-Mellon.

La chapelle de l'Hôtel-Dieu, de Pontoise.

L'église d'Ennery, — de Aneriaco, — vaut 16 livres ; l'archevêque (de Rouen), patron. Dans cette église est une chapellenie, pour desservir un autel qui y a été institué ; elle vaut 12 livres ; l'archevêque de Rouen en est le patron.

La chapelle de la Léproserie de la Vallée du Roi. L'archevêque de Rouen en est le patron. Elle vaut 16 livres. Eude Rigaud l'a conférée à maître Robert.

Osny — Oonyacum, — vaut 25 livres. L'archevêque de Rouen et le chapitre de Beauvais sont alternativement patrons... Eude Rigaud l'a conférée à Jean, clerc, puis l'an du Seigneur 1261, le jour de la fête de Saint-Jean-Porte-Latine, l'archevêque Rigaud a reçu Pierre, prêtre, sur la présentation du chapitre de Beauvais...

Dans l'église d'Osny il y a une chapellenie de nouvelle fondation, qui devra valoir 12 livres, et dont l'archevêque de Rouen sera la patron...

Génicourt — Gerincuria. — L'abbé de Saint-Martin, patron ; vaut 16 livres parisis.

L'église de Puiseux — de Puteolis. — L'abbé de St-Martin, de Pontoise, patron. Vaut 9 livres parisis... L'archevêque Rigaud a reçu Laurent, clerc, sur la présentation dudit abbé.

Il n'y a rien de plus sur les paroisses de Pontoise et de son canton, et voici quelques explications à ce sujet :

Nous rappelons que Saint-Ouen-l'Aumône, Pierrelaye, Éragny, Jouy et Vauréal dépendaient du diocèse de Paris; et Cergy de l'exemption de Saint-Denis. Il n'en pouvait donc être question au registre de Rigaud.

Mais nous n'y avons pas trouvé Boisemont; nous n'avons pas pu découvrir la cause exacte de cette omission, car Boisemont a toujours fait partie du diocèse de Rouen. Dom Duplessis l'y comprend et ajoute que l'ancien nom est *Bosco-Monte*. Cependant il dit, paragraphe CCLXIV de la Description de la Haute-Normandie, que « de l'abbaïe de Ressons-en-Telle, il » dépendait anciennement un pieuré, fondé à Boise- » mont-sur-Meulant vers l'an 1200, par Guillaume de » Meulant. Ce prieuré est éteint depuis longtemps; » ce n'est plus qu'une cure à la présentation de l'ab- » baïe. »

Peut-être donc Boisemont n'était pas encore une paroisse du temps de Rigaud.

On remarquera aussi que le Pouillé de Rigaud ne dit rien de Notre-Dame de Pontoise. Cependant l'église existait déjà, puisque dans le Journal des Visites, analysé sous le Chapitre Ier du présent travail, Rigaud lui-même a relaté les revenus de Notre-Dame en octobre 1259. Rigaud considérait-il encore cette église comme une dépendance de la paroisse de la Sainte-Trinité? (1)

Cependant l'érection de Notre-Dame de Pontoise en

(1) C'était le vocable de l'église Abbatiale de Saint-Martin, qui a été paroisse jusqu'en 1694.

paroisse est antérieure à 1255 ; l'*Abrégé de l'Histoire de l'Eglise Notre-Dame*, la fixe à l'année 1247; et M. l'abbé Marchand, dans son ouvrage « *le Pèlerinage de Notre-Dame de Pontoise*, » dit que cette érection fut faite par Eude Rigaud au mois de juillet 1249. Le journal de Rigaud ne parle pas de ces faits. Mais voici ce qu'en rapporte le savant Dom Duplessis au § CXLVIII de sa Description de la Haute-Normandie :

« Notre-Dame n'était, dans son origine,... qu'une
» chapelle,... fondée... par les religieux de St-Martin,
» pour servir de secours à la paroisse de leur abbaïe.
» Elle est devenue paroisse en titre, en 1226; mais on
» ne lui donna point alors de cimetière; celui de Saint-
» Martin demeura commun aux deux paroisses. Dans
» la suite, les paroissiens de Notre-Dame voulurent
» en avoir un à part, et intentèrent un procès aux reli-
» gieux... Pierre de Colmieu, évêque d'Albano, qui
» avait été archevêque de Rouen, jugea le différent.
» Il ordonna que Saint-Martin étant l'église matrice,
» demeurerait paroisse comme elle l'avait toujours été ;
» que Notre-Dame serait également paroisse en chef,
» et qu'elle aurait un cimetière particulier... Cette
» ordonnance, qui est du mois d'août 1247, confirme
» encore une transaction qui avait été passée entre les
» deux églises, en 1231... Elle fut confirmée par l'ar-
» chevêque, Eude Rigaud, au mois de juillet 1249, et
» par le Pape, Innocent IV, le 23 juin de l'année sui-
» vante. »

CHAPITRE III

UN VOYAGE A PONTOISE

Tel est le titre du feuilleton du journal *la Gazette de France*, du 3 juillet 1813.

C'est l'un des numéros de la série d'articles publiés, en 1812 et 1813, sous le titre d' « Obser- » vations sur les mœurs et les usages français au » dix-neuvième siècle, par l'Ermite (on écrivait » alors Hermite) de la Chaussée-d'Antin. » articles qui eurent un tel succès qu'ils furent réunis en un ouvrage en cinq volumes, plusieurs fois réimprimé.

L'auteur, qui prenait le pseudonyme d'Ermite de la Chaussée-d'Antin, était M. Victor-Joseph ETIENNE, dit DE JOUY, né à Jouy, près de Versailles, en 1769, et mort à Saint-Germain-en-Laye le 4 septembre 1846. Il fut l'un des plus féconds de nos littérateurs et auteurs dramatiques ; on lui doit notamment les livrets des opéras : *la Vestale* (1827,

musique de Spontini), et *Guillaume Tell* (1829,
musique de Rossini).

Nous allons reproduire en entier, et sans y rien
changer, le texte de l'article de M. de Jouy ; mais
nous y ajouterons, dans des renvois, quelques notes
explicatives.

.....La situation de Pontoise est agréable et pittoresque ; cette petite ville s'élève en amphithéâtre des
bords de l'Oise et de la Viosne, sur la pente d'un roc
escarpé, au sommet duquel on voit encore les ruines
des anciennes fortifications.

En passant sur le pont de l'Oise, qui a donné son
nom à la ville, M. B... (1) me fit remarquer au milieu
de la rivière une île, ou plutôt une immense corbeille
de verdure, qui appartenait, avant la Révolution, à
M. le duc de Lévis, auteur des *Maximes* (2) ; on y voit
encore le joli pavillon qu'il y a fait bâtir.

La campagne, autour de Pontoise, est riante et fertile ;
à chaque pas, on y rencontre des châteaux, des maisons
de campagne, des fermes bien entretenues, des pâturages
où paissent, en grand nombre, ces *veaux* dont le nom
seul est un éloge.

(1) M. de Jouy n'a dit ni qui était son compagnon de voyage M. B. .,
ni le nom du château de N... dont il parle plus loin

2 Il paraît, qu'en effet, M de Lévis aurait possédé avant la Révolution
l'île du Pothuis, dans laquelle il y aurait eu un pavillon depuis longtemps
détruit. Pierre-Marc-Gaston duc de Lévis, né en 1755 et fils du maréchal
de France mort en 1787, émigra en 1792. Rentré en France, il s'occupa
de littérature et devint membre de l'Académie Française et pair de France.
Il mourut en 1830. Il est l'auteur des « *Maximes et réflexions sur diffé-
rents sujets* » (1808, in-12°.

Les Lévis avaient été seigneurs d'Ennery.

La ville est singulièrement déchue de son ancienne splendeur et ne répond guère au titre fastueux de capitale du Vexin français, que les habitants se plaisent à lui conserver. Sa principale et presque sa seule richesse consiste dans le produit de ses nombreux moulins à blé, pour l'établissement desquels on a tiré parti, avec un soin extrême, de toutes les chutes d'eau naturelles ou artificielles qu'il a été possible de diriger. Pontoise, dans une population d'environ 7,000 individus, compte plusieurs habitants très riches et un grand nombre dont l'état d'aisance est voisin de la richesse. Parmi ces derniers se trouvent d'anciennes familles de magistrats qui s'y sont retirées probablement par suite ou en mémoire du séjour que le Parlement de Paris a fait dans cette ville, où il a été exilé trois fois dans l'espace d'un siècle. (1)

En arrivant à Pontoise, M. B... exigea que je descendisse chez un de ses amis, et l'accueil plein de bienveillance, de noblesse et d'urbanité que je reçus dans cette maison me permit de croire que je n'avais pas quitté le château de N...

Après un fort bon déjeuner, le maître du logis, instruit du motif particulier qui m'amenait à Pontoise, me proposa une promenade, à la suite de laquelle je serais libre de me rendre dans la maison d'éducation que j'avais l'intention de visiter ; il me conduisit d'abord sur le point le plus élevé de Pontoise, où M. de

(1) Ceci n'est pas tout à fait exact. Le Parlement de Paris a bien fait trois séjours à Pontoise : en 1652, en 1720 et en 1753. En 1720 tout le Parlement y fut exilé par le Régent ; en 1753, la Grand'Chambre y fut seule envoyée ; mais en 1652, le Parlement, ou plutôt la partie fidèle du Parlement, ne fit qu'y suivre la Cour, obligée par les guerres de la Fronde de s'y réfugier. Cela ne ressemble pas à un exil.

Verville, respectable octogénaire, a créé, sur un sol aride, un jardin remarquable par sa fraîcheur et par la beauté de ses points de vue. (1)

A peu de distance du château de M. ***, dont le nouveau propriétaire s'occupe à rétablir l'ancienne magnificence, se trouve l'abbaye de Maubuisson, fondée, en 1236, par Blanche de Castille, mère de saint Louis, sur les ruines de l'ancienne chapelle d'Aulnet. Dans le cours des guerres civiles qui désolèrent la France aux xiiie et xive siècles, les religieuses furent plus d'une fois victimes de la licence d'une soldatesque effrenée, et, s'il faut en croire les chroniques d'un temps plus rapproché de nous, des désordres moins affligeants, mais plus scandaleux, s'y introduisirent à la suite des principaux officiers de l'armée de Henri IV, qui vinrent y loger pendant le siège de Pontoise.

En nous rapprochant du centre de la ville, nous nous arrêtâmes sur l'emplacement qu'occupait jadis le palais où Louis IX, dans les accès d'une maladie violente, fit vœu d'entreprendre cette croisade si fatale dans laquelle devait périr l'élite de la noblesse française. Le malheu-

(1) Il s'agit ici du Jardin public, appelé ordinairement Jardin de la Ville, mais qui a porté longtemps le nom de jardin de Verville, du nom de son ancien propriétaire. M. de Verville habitait alors la belle propriété formant aujourd'hui l'hôtel du Sous-Préfet.

Elle était alors reliée au Jardin par une galerie formant pont au-dessus de la rue de la Coutellerie. A l'époque du voyage de M. de Jouy, ce jardin, très bien entretenu du reste, et que M. de Verville se plaisait à laisser visiter comme une curiosité, n'était pas dans son état actuel. Il y avait un troisième labyrinthe ou monticule vers la rue de la Coutellerie. De plus le long tapis vert qui, flanqué de deux allées d'arbres, va rejoindre la rue de Gisors, n'existait pas ; c'était au contraire un fossé profond, reste des fossés des fortifications, dont le fond formait le potager de M. de Verville.

reux Charles VI habitait le même château à l'époque
où l'impudique Isabeau de Bavière traitait, en son nom,
de la paix à Meulan.

On montre encore à ceux qui n'y regardent pas de
trop près la maison qu'occupait le général anglais *Talbot*
lors de la prise de Pontoise par Charles VII (1). Cette
ville fut assiégée et prise, pour la dernière fois, au
temps de la Ligue, par Henri IV, alors roi de Navarre ;
c'est là que finit sa célébrité.

J'avais entendu prononcer le nom d'une *Fontaine
d'Amour* ; l'eau m'en venait à la bouche, et je voulais,
du moins, y jeter un coup d'œil. Cette fontaine, célé-
brée par les anciens troubadours sous le nom de la
Fontaine des Fresnes, coulait autrefois au fond d'un
bocage mystérieux, où ces chevaliers-poètes venaient
soupirer leurs amoureux tensons (2). Parmi les récits
dont elle a été l'objet, et qui se trouvent consignés dans
plusieurs fabliaux, il existe une ancienne ballade où se
trouve racontée, avec beaucoup de naïveté et d'intérêt,
l'aventure qui donna lieu au changement de nom de
cette fontaine ; j'ai l'intention de la traduire en français
moderne pour l'amusement de nos lecteurs (3). Quoi
qu'il en soit de l'antiquité de ce monument, ce n'est
plus, aujourd'hui, qu'un simple bassin de pierre,
ombragé par un platane et surmonté d'une voûte rus-
tique, dans lequel tombe un mince filet d'eau. Cette

(1) Nous ignorons quelle était cette maison.

(2) Littré définit ainsi *Tenson :* Dans la poésie du moyen âge, dispute
sur une question de galanterie entre deux ou plusieurs poètes

(3) M. de Jouy a en effet tiré de cette légende une de ses plus charmantes nouvelles : *Alix et Bérenger.* On la trouvera à la page 125 du 3e
volume des *Œuvres complètes d'Etienne de Jouy.* Paris, Didot, 1823-
1828, 27 vol. in-8°.)

fontaine est maintenant renfermée dans l'enclos d'une maison particulière, connue sous le nom de la *Maison-Rouge*.

Je ne perdais pas de vue le but de mon voyage : l'heure de visiter le Collège était arrivée ; M. ***, qui voulut bien m'y conduire, m'y laissa en me rappelant qu'il m'attendait à dîner. Le local réunit tous les avantages qu'exige sa destination : il est vaste, commode et bien aéré ; il renferme un jardin agréable, une cour spacieuse, une fontaine abondante, et une bibliothèque classique. Le chef de cet établissement nous en fit connaître le régime intérieur dans ses moindres détails, et la manière dont il s'exprima sur l'éducation en général et sur le mode d'enseignement adopté par lui, dans la maison qu'il dirige, me laissa l'idée d'un homme très supérieur aux fonctions qu'il exerce et dont les talents et les connaissances pourraient être plus utilement employés sur un plus grand théâtre. M. Blanvilain, c'est le nom de cet instituteur (1), est élève de l'ancienne

(1) Il y a eu, en effet, pendant les premières années de ce siècle, dans les bâtiments du Collège de Pontoise, un grand pensionnat tenu par M. Blanvillain. A la page 299, de l'*Annuaire de Seine-et-Oise*, de l'an XII (1805), on trouve à son sujet cette indication : « Pontoise. — Pensionnat » de garçons, dirigé par M. Blanvillain. Cet établissement est autorisé par » le Gouvernement, qui lui a concédé les bâtiments et jardins de l'ancien » Collège de la ville...... La pension est de 500 francs. »

Notre ami, M. Henri Le Charpentier, possède dans sa collection une plaquette de 18 pages in-4°, portant ce titre : « *La Prise de Troie*, traduction » en prose du second livre de l'*Enéide*, dictée dans le courant de l'an XII » aux élèves de l'école de Pontoise, et présentée au Conseil municipal de » cette ville, par J. F. C. Blanvillain, orléanais, directeur de l'Ecole secon- » daire communale. » — Paris, imp. Cramer, an XII 1804).

L'honorable M. Delaissement, ancien maire de Pontoise, à la mémoire si ornée duquel nous avons fait appel, a été l'élève de M. Blanvillain et nous a confirmé tout le bien qu'en dit M. de Jouy. Il possède deux ouvrages de

Université, et les principes des Rollin, des Crévier, des
Le Batteux sont encore ceux qu'il professe ; quelques
ouvrages estimables, qu'il a publiés, l'eussent fait
connaître davantage, si le mérite était un titre suffisant
à la réputation.

Je lui annonçai l'intention où j'étais de lui adresser
incessamment un élève, et dans l'éloge que je fis du
Collège de Pontoise pour justifier la préférence que
j'accordais à cette maison d'éducation, il parut moins
sensible à ce qui lui était personnel, qu'à ce qui intéressait la gloire de cet établissement. Dans la conversation que j'eus avec M. Blanvilain, sur plusieurs points
de l'éducation publique, il me développa mes propres
idées, sur l'avantage d'élever les enfants (il n'entendait
parler que des garçons) loin des yeux de leurs parens
et hors des grandes villes. Il insista sur le danger de
l'extrême indulgence des pères et mères, sur l'inconvénient des sorties continuelles, sur la mauvaise habitude de mener, le dimanche, les enfants au spectacle,
sur la nécessité de payer tribut à la mode en sacrifiant
un tems précieux à l'étude des arts d'agrément ; tous
inconvénients qui n'existent pas au même degré, du
moins, pour l'enfant élevé loin de sa famille, et dans

M. Blanvillain : 1° une traduction en prose française du charmant épisode
de l'Amour et Psyché, extrait de l'Ane d'Or, d'Apulée : « Psyché et
» Cupidon, épisode traduit d'Apulée, par Blanvillain, » un vol. in-16,
Paris, Plessan, an V. — 2° et la traduction en italien dont M. de Jouy
parlera à la fin de son article : « Paolo et Virginia, de J. B. H. de Saint-
» Pierre. Versione italiana, de Blanvillain, Quinta edizione. Parigi,
» Leclerc, 1809, » un vol in-12.

M. Blanvillain serait aussi l'auteur d'un Epitome rerum gestarum à
Napoleone Magno. (Abrégé des actions accomplies par Napoléon-le-Grand).
M. Blanvillain a quitté Pontoise vers 1815, pour devenir professeur au
Collège d'Orléans, puis bibliothécaire de cette même ville.

les lieux où le plaisir est nécessairement pour lui le
fruit de l'étude et la récompense du travail.

Il était cinq heures lorsque je sortis du Collège pour
aller dîner chez M. ***. A l'élégance du repas et surtout
au choix des convives, parmi lesquels se trouvaient
plusieurs femmes charmantes, on aurait pu se croire
dans une des meilleures maisons de la capitale. Je ne
fus pas longtemps à m'apercevoir que j'étais placé, à
table, auprès d'un homme très distingué par son esprit
et par ses connaissances ; j'appris qu'il se nommait
M. L. S... (1), qu'il avait rempli pendant longtemps
les fonctions les plus honorables, à la grande satisfaction
de ses concitoyens, et qu'il avait fait faire des progrès
à la science chimique, en appliquant d'une manière
nouvelle quelques-uns de ses procédés à la manufacture
dont il est propriétaire.

Pendant le repas, il fut question des curiosités de
Pontoise, que M. L. S... acheva de me faire connaître ;
il me parla du *fameux murier* (2), dans l'intérieur duquel on a construit une cabane à quatre étages ; des
tapisseries de Notre-Dame qui ont été faites en Flandres,
sur les cartons de Raphaël, et données à la Ville par
la famille Le Tavernier (3) ; de la tour de l'église,
où se trouve la *cloche du tocsin* sur laquelle on a gravé
ce vers imitatif si connu :

(1) Il s'agit de M. Le Scure, ancien maire de Pontoise, dont la famille y
est encore si honorablement connue.

(2) Ce murier, disparu avec la construction qu'il supportait, il y a une
trentaine d'années, s'élevait dans une propriété à l'angle de la rue du Vert-
Buisson et du Parc-aux-Charrettes, c'est-à-dire en avant de la maison rue
du Vert-Buisson n° 26, appartenant à M. Picque.

(3) Voir, au sujet de ces tapisseries, l'*Echo Pontoisien* du 30 novembre
1876.

Unda, unda, unda, unda, unda, unda, unda, accurrile cives.

(De l'eau, de l'eau, de l'eau, de l'eau, de l'eau, de l'eau, de l'eau, accourez,
[citoyens).

de cet ancien *hôpital Saint-Jacques* réuni en 1750 (1) à l'hôpital général, et dont les Confrères avaient pris le nom de *Bélitres*, que l'on applique aujourd'hui d'une manière toute différente.

Parmi les hommes célèbres nés à Pontoise, M. L. S... me cita ce *Nicolas Flamel* (2), dont on a fait un assez bel éloge quand on a répété, après Saint-Foix, qu'*il fut riche pour les malheureux*. Il amassa de grandes richesses dont on ne connaissait pas la source ; il n'en fallut pas davantage pour le faire accuser de magie ; dans le siècle barbare où il vécut, il est aisé de prévoir où cette inculpation l'aurait conduit, s'il n'eût eu l'esprit d'imposer silence à ses ennemis en faisant bâtir l'église Saint-Jacques-la-Boucherie, où il fut enterré avec sa femme, la bonne *Pernelle*, dont l'abbé Villain nous a donné l'histoire. (3)

Le P. Cossart (4), laborieux compilateur et poète

(1) L'hôpital Saint-Jacques était au bas de la rue du Grand-Godet, au long de la Viosne et au tournant que fait l'extrémité de la rue Basse. La propriété actuelle, portant le n° 98 rue Basse et n° 1 rue du Grand-Godet, est occupée par M. Guilbert. Tout récemment elle l'était par la maison de correction de Sainte-Marthe.

(2) Nicolas Flamel, né à Pontoise dans la première moitié du xive siècle, est mort à Paris le 22 mars 1418.

(3) L'abbé Villain a publié l' « *Histoire critique de Nicolas Flamel et de Pernelle, sa femme.* » Paris, 1761, un vol. in-12, chez Desprez.

(4) Gabriel Cossart, de la Compagnie de Jésus, né à Pontoise le 2 novembre 1615, est mort à Paris le 14 octobre 1674. Il a coopéré au *Recueil général des Conciles*, du père Labbe, et en a fait seul les huit derniers volumes. Il est en outre l'auteur de poésies latines fort estimées à son époque.

latin très distingué, le musicien Desmarets (1) et le savant orientaliste Guygnes (2), ont pris naissance dans cette même ville, auprès de laquelle l'aimable auteur des *Études de la Nature* a choisi sa retraite.

Je ne quittai point ce pays sans visiter cet autre hermitage qu'habite un philosophe dont les écrits et le style rappellent quelquefois l'éloquent anachorète de la forêt de Montmorency. M. Bernardin de Sᵗ-Pierre (3) me confirma dans la bonne opinion que j'avais prise de l'esprit et des talents du Principal du Collège de Pontoise en m'apprenant qu'il avait fait du roman de *Paul et Virginie* une traduction italienne, à sa cinquième édition, qui passait, en Italie même, pour un modèle de pureté, de grâce et d'élégance.

L'Hermite de la Chaussée-d'Antin.

(1) Nous ignorons quel est cet artiste. Mais pourquoi M. de Jouy a-t-il oublié : André Duval, les architectes Le Mercier et Fontaine, ce dernier déjà célèbre en 1813, le général Leclerc, etc., et surtout Philippe-le-Hardi, duc de Bourgogne, le plus illustre des enfants de Pontoise?

(2) Joseph de Guignes, né à Pontoise le 19 octobre 1721, mort à Paris le 19 mars 1800.

(3) Bernardin de Saint-Pierre était venu se retirer à Éragny, près de Pontoise. Il habitait une grande maison qui sert aujourd'hui de mairie. M. de Jouy le compare ici à Jean-Jacques Rousseau, qui a habité à Montmorency une petite propriété appelée l'Ermitage.

CHAPITRE IV

LA SAINT-MARTIN [*]

La foire de la Saint-Martin de novembre 1880, malgré un temps assez incertain — car si la température était douce, le ciel était couvert et il est tombé, à diverses reprises, une petite pluie fine — a, comme de coutume, amené, cette année-ci, une foule considérable. Indépendamment de la population de Pontoise et des environs venue à pied, de quantité de personnes venues dans leurs voitures, les chemins de fer du Nord et de l'Ouest ont encore déversé une telle affluence de voyageurs que l'encombrement était grand à notre gare, surtout à cinq heures, vers le moment du départ.

Presque tous nos lecteurs connaissent cette foire, qui a un caractère tout particulier par la foule qu'elle attire, par sa situation dans la plaine, par la variété et la quantité des objets qui s'y vendent et par sa physionomie tout à fait distincte de celle des *fêtes* de nos communes.

Aussi nous ne décrirons pas les innombrables articles qui s'y tiennent : toiles, vêtements, chaussures, sabots, vannerie, faïences, ferrailles, papeterie et livres ; chevaux, ânes, vaches, porcs ; voilà le côté sérieux et utilitaire. Nous ne compterons pas davantage les arracheurs de dents et leurs équipages, les baraques de somnambules, de saltimbanques, de faiseurs de tours, de *vues*, de marchands de vin, qui s'y pressaient, c'est le côté du plaisir ; nous renonçons à évaluer les monceaux de marrons, de gâteaux, de harengs (on croirait qu'on en a épuisé la mer !) que l'on y voyait ; nous ne dépeindrons pas ces cuisines, en plein vent, tout à fait rudimentaires, où, au-dessus d'un trou pratiqué en terre et plein de braise allumée, une grille de fer est couverte de boudins, de saucisses et de harengs, qui remplissent l'air de ces fortes senteurs chères aux robustes estomacs.

Nous ne dirons rien des *boniments* des saltimbanques ; des promesses des somnambules, se disant toutes extra-lucides, mais méritant toutes le nom d'attrape-nigauds ; des glapissements des trompettes, des bourdonnements des grosses caisses, des ronflements des tambours, des clameurs des maquignons, des mugissements des vaches, ni surtout des cris assourdissants et des grognements des porcs. Nous n'essaierons pas non plus de raconter les péripéties du départ du petit cochon renfermé dans un sac et placé sur le dos de son acquéreur (c'est vraiment plus drôle que la mode d'en mettre à son porte-bonheur) ; ni du gros porc, mené à l'aide d'une corde attachée à un pied, par un brave homme qui, s'étant attardé à boire, ne marche plus bien droit ; il faudrait une plume plus *naturaliste* que la nôtre pour bien peindre cela ; nous nous bornerons à dire que rien dans les environs de Paris ne ressemble à cette kermesse d'utilité et de plaisir.

Malgré la foule énorme que la Saint-Martin attire chaque année, nous entendons toujours dire que jadis elle était bien plus animée. Il nous a paru bon de rechercher si nous n'en trouverions pas quelque ancienne description détaillée, et nous avons le plaisir d'offrir à nos lecteurs la description suivante, qui en a été faite dans le numéro du 20 novembre 1852 du journal l'*Illustration*.

Nous allons reproduire en entier cet article, quoiqu'il soit un peu long, surtout dans ses préambules, parce qu'il nous a paru excellent et très intéressant en tous points. Nous nous permettrons d'y ajouter quelques notes pour indiquer nos réflexions ou des changements survenus depuis 28 ans que l'article est écrit.

Cet article est complété par deux belles gravures sur bois : l'une représente une vue à vol d'oiseau du champ de foire, et l'autre cette ancienne carrière ou excavation, au *nord du champ* de foire, qui sert de *place* pour un certain nombre de voitures venues pour la fête. Nous regrettons de ne pas pouvoir les reproduire, bien qu'elles ne soient nullement nécessaires pour notre description.

P. S. — En dépit des conclusions pessimistes de notre auteur, nous croyons que la Foire de St-Martin n'est pas prête à disparaître, et qu'elle a encore une très grande importance. Elle est, il est vrai, un peu diminuée par la disparition du commerce de la filasse, et parce qu'on avait jadis l'habitude plus qu'aujourd'hui d'y acheter toutes les provisions d'hiver, en vêtements surtout ; mais si la nature des transactions a un peu changé, elles n'en restent pas moins très importantes, et cette foire, qui existe depuis plus de 600 ans, sera, espérons-nous, fréquentée encore par bien des générations.

LA FOIRE DE LA SAINT-MARTIN

A PONTOISE

La ville de Pontoise est un de ces petits chefs-lieux secondaires, qui ont eu de tout temps le privilège d'attacher à leur nom une certaine célébrité. On la nommait autrefois *Brivisara* selon l'itinéraire d'Antonin, et *Brivaisara* selon les tables de

Peutinger. *Briva*, *breva* ou *briga* signifiait un pont dans la langue des Celtes, et c'est de là assurément que sont venus les mots *bridge* et *brücke* qui, dans les langues anglaise et allemande, ont la même signification. Les écrivains du moyen âge ont appelé successivement cette ville *Pons-Isaræ*, *Pontisara*, *Pontisera*, *Pons-Inisæ*, *Pons-Asiæ*, *Pontesia*, d'où est venu ensuite le nom plus moderne de Pontoise. (1)

C'est par cette ville que passait autrefois la voie romaine qui conduisait de Paris à Rouen. Elle a subsisté jusqu'à ces derniers temps entre Magny et Pontoise, et encore aujourd'hui on en trouve des vestiges entre les villages de Montgeroult et de Courcelles, où ils sont connus sous le nom de *Voie Romaine* ou de *Chaussée de César*. (2)

Plus tard, Pontoise fut la capitale du Vexin Français, et, en cette qualité, possédait un bailliage, une élection et une collégiale. Dans les premiers temps de notre histoire, ce fut une remarquable place de guerre, qui fut souvent assiégée, défendue, prise et reprise avec une égale valeur de part et d'autre. Elle fut notamment prise d'assaut sur les Anglais en 1442 (3). Les États généraux y furent assemblés en 1561. Le Parlement de Paris y fut transféré trois fois en 1652, en 1720 et en 1753. Philippe, duc de Bourgogne, quatrième

(1) Voir dans l'*Écho Pontoisien* deux articles, l'un dans le n° du 13 janvier 1876 et l'autre dans les n^rs des 23 et 30 mars et du 27 avril 1876, sur les anciens noms de Pontoise.

(2) L'ancienne route connue sous le nom de *Chaussée de César*, s'étend encore, sauf quelques interruptions, depuis les environs d'Ermont jusqu'au delà de notre département.
Ce qui démontre l'ancienneté de cette route, c'est qu'elle ne *coupe* aucune pièce de terre, mais, qu'au contraire, tous les *rayages* (comme l'on dit ordinairement, c'est-à-dire les *lignes* qui séparent les pièces et même les lieux dits ou cantons), viennent aboutir sur elle. De là on peut conclure qu'elle est antérieure au morcellement du sol.

(3) Notre Ville a été reprise sur les Anglais par le roi Charles VII, en personne, ie 19 septembre 1441.

fils de Jean de Valois, roi de France, naquit à Pontoise, le
15 janvier 1531 (1). Il fut blessé et fait prisonnier à la
bataille de Poitiers, en 1556, en combattant courageusement
à côté de son père. Pontoise a également vu naître André
Chevillier, bibliothécaire de Sorbonne ; Jean Deslyons et
André Duval, docteurs de Sorbonne ; le fameux jésuite Gabriel
Cossart ; Nicolas Flamel ; Sébastien Vaillant, très habile bota-
niste, dont le *Botanicum parisiense* fut acheté de ses héritiers
par le célèbre Boerhaave. (2)

On s'étonnera peu de l'acharnement que l'on mettait, dans
ces temps belliqueux du moyen âge, à posséder une pareille
citadelle, quand on voit sa position en amphithéâtre, domi-
nant tout le cours de l'Oise, ses rues en escaliers, au haut
desquelles sont encore des maisons où l'on ne parvient que
par des degrés de pierre, et par-dessus tout, la plate-forme
appelée encore le *Château*, qui domine toute la ville, et du
haut de laquelle la plus admirable vue s'étend, non-seulement sur tout le cours de l'Oise, mais encore au loin sur
toutes les campagnes environnantes. Deux de ses rues sont
dominées par un roc de pierre vive ; la nuit du 24 au 25
novembre 1767, il s'est détaché du roc, avec un horrible
fracas, un banc de cinquante pieds de longueur sur trente de
hauteur et vingt de largeur. Cette masse a brisé tous les
appentis qui étaient dessous, écrasé trois maisons, et causé
dans le quartier d'effroyables dommages. (3)

(1) Philippe II, le Hardi, duc de Bourgogne, est né à Pontoise le 15 janvier 1341 (vieux style, c'est-à-dire 1342). La bataille de Poitiers eut lieu
en 1356 ; nous ne nous expliquons les deux erreurs de notre auteur sur
ces dates que par deux singulières *coquilles*.

(2) Sébastien Vaillant est né à Vigny, canton de Marines, en 1667 (ou
1669), et non à Pontoise ; mais il a habité, dans sa jeunesse, cette ville
où son père était organiste de l'abbaie de Saint-Martin.

(3) Un accident semblable a eu lieu, il y a environ trente ans. Une partie
de la paroi en face de la rue du Pothuis s'est écroulée ; mais cette fois
sans grave accident.

C'est à Pontoise qu'un des plus grands rois de France, saint Louis, qui se faisait aussi appeler Louis de Poissy, parce qu'il y avait été baptisé, tomba dangereusement malade, et entendant ses médecins se concerter entre eux avec inquiétude, fit vœu dans son âme d'aller délivrer les Saints Lieux, que les infidèles venaient de reprendre aux chrétiens ; vœu regrettable, car saint Louis ne revint pas de cette funeste croisade, et sa mort priva la France et l'Europe d'un de ses rois les plus illustres. (1)

Aujourd'hui il ne reste plus du château de Pontoise que quelques vieux murs, un parapet, les rampes qui y conduisent, et sur la plate forme, décorée d'une allée de jeunes arbres, quelques maisons. L'une d'elles est occupée par le président du Tribunal civil, qui a, pour ainsi dire, tous ses justiciables à ses pieds. Toutefois nous aurions omis cette circonstance, assurément assez insignifiante, si nous n'avions voulu rappeler que, par un assez singulier jeu du sort, ce château semble être destiné à la résidence du chef de la force armée à Pontoise. Par une coïncidence étrange, le président du Tribunal civil, ancien garde d'honneur, était en même temps le commandant de la garde nationale. Du haut de son donjon, il pouvait ainsi, à la fois, rendre des ordonnances et publier des ordres du jour, les uns et les autres reçus avec un égal respect par la population soumise à son autorité (2).

(1) C'est bien à Pontoise que Saint-Louis, malade, fit, en 1243 ou 1244, vœu de se croiser ; il accomplit ce vœu par sa première croisade en Egypte, en 1250 ; mais il ne mourut qu'en 1270, dans sa seconde croisade, près de Tunis.

(2) Il s'agit ici de M. Soret de Boisbrunet, le très regretté Président du Tribunal de première instance de Pontoise, mort le 13 mars 1863, et qui avait, en effet, exercé, pendant quelque temps, les doubles fonctions de Président et de Commandant. Il habitait la maison de l'ancien *doyenné*, sur le haut du château, presque en face le pont.

Avec le temps, avec les changements qui s'opèrent dans les mœurs, Pontoise, comme toutes les villes de France placées dans une situation analogue, perdit peu à peu sa situation militaire. Les murs d'enceinte firent place à des routes et à des jardins; ses fossés furent envahis par des maraîchers (1), et des ouvriers en blouse et la bêche à la main, remplacèrent les hommes d'armes du moyen âge, qui montaient la garde sur les remparts. Ses fortifications se démantelèrent et à leur place se dresse aujourd'hui, à côté d'une pompe à feu, une côte plantée d'arbres, moins abrupte que les anciennes rues de la Ville, mais que le commerce ne peut pas toujours suivre, parce que l'édilité locale fait tous ses efforts pour maintenir, comme autrefois, le passage par les rues.

Pontoise, comme toutes les autres villes, devint donc peu à peu une ville moderne; mais, dans sa transformation, elle eut encore le bonheur de ne pas être totalement oubliée. Il lui resta encore le veau de Pontoise, si cher aux gourmands, et qui fit si longtemps les délices de leurs tables. D'où venait cette grande renommée? d'où vint la grandeur et la décadence de ce célèbre veau de Pontoise, qui se survit à lui-même et s'étale encore si pompeusement sur les cartes des restaurateurs? C'est ce qu'un assez grand nombre de personnes peuvent ignorer et ce que nous allons leur apprendre.

Le département de Seine-et-Oise, et l'arrondissement de Pontoise en particulier, a toujours été renommé pour l'excellence de sa culture, le nombre de ses bestiaux, la qualité de ses produits et l'aisance de ses cultivateurs. Toutes les branches

(1) Les anciens fossés de Pontoise, principalement celui qui existait dans le Jardin public, à la place du Tapis-Vert actuel, ont été longtemps cultivés en potagers (ou marais). Il n'y a guère que 25 ans qu'on a achevé de les combler.

de l'industrie agricole y ont été, de tout temps, exercées avec
un égal succès. Mais à une époque déjà assez reculée, la
partie septentrionale de l'arrondissement de Pontoise avait
surtout la spécialité de l'élève des veaux. On ne songeait que
peu alors à convertir en beurre le lait des nombreuses vaches
qui garnissaient les fermes de cet arrondissement; encore
moins à vendre le lait en nature à des spéculateurs qui, depuis,
ont donné à leur industrie d'immenses développements. On
laissait pour ainsi dire le monopole du commerce du beurre
à la Normandie et au pays de Bray, qui étaient de temps
immémorial, en possession d'approvisionner de cette denrée
de première nécessité les marchands de la capitale et des
environs. Tout le lait était donc employé à nourrir et à élever
ces veaux à la chair blanche, à la fibre courte et délicate, qui
ont créé la réputation du veau de Pontoise. Mais, on ne peut
se le dissimuler, cette éducation était fort coûteuse (1), et
n'offrait aux éleveurs une rémunération suffisante qu'autant
qu'ils étaient à peu près les maîtres du marché, et se défai-
saient avantageusement de leurs élèves. Peu à peu les choses
changèrent; les veaux de la Flandre et d'autres pays, obtenus
à de meilleures conditions dans des contrées plus riches ou
plus industrieuses, vinrent faire, dans le nord de l'arrondissement de Pontoise, une désastreuse concurrence à l'industrie locale, de sorte qu'il ne restait plus entre les mains
du producteur une rémunération suffisante. De ce moment,
les veaux furent vendus quelques jours après leur naissance
à des Picards qui couraient les campagnes et les revendaient

(1) Il y a 50 ans à peine, on faisait toutes sortes de sacrifices pour obtenir
de la bonne viande. Ainsi on faisait avaler aux veaux des œufs de poule ;
il est vrai qu'ils n'étaient pas chers comme aujourd'hui : dans les rues de
Paris on les criait « à trois de 6 blancs, les rouge et les blancs ». C'était trois
pour 2 sous et demi.

ensuite à des gens qui les élevaient à leur compte : de ce moment aussi date la décadence du veau de Pontoise. L'industrie du beurre remplaça cet élevage, laquelle fut elle-même, ensuite, détrônée par l'industrie du lait, et le veau de Pontoise, jadis si célèbre, tomba fatalement au rang des produits ordinaires.

Mais si Pontoise a perdu, sous ce rapport, son antique renommée, elle a toujours conservé celle que lui donnait l'importante foire de la Saint-Martin. Cette foire, la plus considérable et aussi la plus curieuse de toutes celles qui se tiennent dans les environs de Paris, dure trois jours : les 11, 12 et 13 novembre. Il est assez difficile de dire si c'est parce qu'elle ouvre le jour de la saint Martin qu'elle est ainsi nommée, ou si c'est parce qu'elle se tient à gauche de Pontoise, sur les bords de l'Oise, dans une vaste prairie qui dépend d'un des faubourgs de la ville, et qui s'appelle Saint-Martin (1). Toujours est-il que, vu l'époque de l'année où elle se tient, elle est souvent contrariée par le mauvais temps, et quoique vendeurs et acheteurs, les pieds dans la boue, y grelottent souvent sous l'insuffisant abri que leur donnent des baraques mal jointes, ou des tentes élevées à la hâte, il est difficile de se figurer une pareille affluence de monde. C'est que, non - seulement toutes les populations environnantes s'y donnent en masse rendez-vous, mais que des départements même éloignés s'y font représenter par des envois qui sont loin d'être sans importance. Ainsi, c'est en grande partie la Sarthe et les départements limitrophes de

(1) Notre auteur s'explique mal. Cette foire se tient, et s'est toujours tenue, non dans une prairie sur le bord de l'Oise, mais dans la plaine de Saint-Martin, sur un plateau assez élevé et distant de l'Oise de plus de 500 mètres. Le droit de tenir cette foire était un privilège de l'abbaye de Saint-Martin et était antérieur à l'an 1300.

l'Ouest qui expédient ces montagnes de chanvre qui vont alimenter les corderies de la capitale et des départements voisins ; le chanvre destiné aux tisserands se vend sur un autre point et par plus petits lots. (1)

Les denrées les plus disparates s'y rencontrent pour approvisionner tous ceux qui s'y donnent rendez-vous, et souvent de fort loin. Ce qui s'y vendait autrefois d'habits et de vêtements, plus ou moins neufs, passe toute imagination. C'était à croire que le *Temple* de Paris avait émigré sur les bords de l'Oise.

La foire de la Saint-Martin est aussi une foire à bestiaux : les chevaux, les vaches, les porcs s'y vendent quelquefois en nombre considérable ; la concurrence des vendeurs et des acheteurs ne contribue pas peu, comme on doit bien le penser, à l'animation générale. Ce qui rend cette foire plus curieuse à observer, c'est que probablement, comme toutes les anciennes grandes foires, elle va diminuer d'année en année et peut-être finir par disparaître. Autrefois, il s'y faisait communément, pendant les trois jours, pour plusieurs millions d'affaires ; aujourd'hui que le commerce, si intelligent, secondé encore par l'activité, la bonté et le bon marché des communications, cherche à pénétrer partout, et que,

____

(1) Le commerce de filasse était considérable, la journée n'y suffisait pas ; les transactions commençaient avant le jour et se continuaient le soir, à la lueur des chandelles. On en comprendra l'importance : il y a encore 30 ou 40 ans, dans ces temps de labeurs et d'économie qui nous paraissent invraisemblables, presque toutes les femmes, même celles aisées, filaient elles-mêmes, à la *veillée*, avec de la filasse de chanvre, le fil destiné à faire toute la toile nécessaire au ménage ; puis le tisserand du lieu convertissait ce fil en ces toiles jaunes, un peu grossières mais presque inusables, qui remplissaient les vieilles armoires. Aujourd'hui nous sommes loin *du temps où la reine Berthe filait ;* on ne file plus ; aussi on ne vend plus de filasse à la Saint-Martin. On n'y voit plus que des toiles entièrement fabriquées à la mécanique.

par suite, la marchandise vient s'offrir à vous sous toutes
les formes, sans déplacement, sans dérangement de votre
part, que les approvisionnements sont pour ainsi dire quoti-
diens, les foires, surtout à côté des grands centres de population, ont beaucoup perdu de leur importance commerciale ;
ajoutons que les villes, soit peu clairvoyantes, soit imbues
de ces idées fiscales qui nous rappellent involontairement la
vieille fable de la poule aux œufs d'or, ne font rien pour
retenir cette activité mourante, pour continuer chez elles cet
échange de transactions, ce concours de vendeurs et d'acheteurs qui se donnent tous les ans rendez-vous dans leurs
murs. Au contraire, il semble qu'on cherche à les éloigner
en leur imposant une foule de conditions onéreuses. Aux
droits de place viennent s'ajouter ceux de chargement et de
déchargement, de factage et d'autres encore qui éloignent
les marchands et tendent à rendre les transactions moins
faciles et plus rares.

Aussi, avant qu'une cause ou l'autre, peut-être même les
progrès du temps, arrivent à supprimer peu à peu les grandes
foires, avons-nous voulu mentionner ici ce qui reste encore
aujourd'hui, dans les environs de Paris, de ces antiques
solennités commerciales.

P. DE LA NOURAIS.

CHAPITRE V

CHARLES V ET PONTOISE

Charles V, roi de France, dit le Sage, le plus beau surnom que puisse recevoir un roi, est un des souverains qui ont résidé le plus souvent à Pontoise, et dont il reste le plus d'actes en faveur de cette ville. C'est ce que nous allons établir à l'aide de documents peu connus, ou même inédits, dont quelques-uns sont d'un véritable intérêt pour cette ville.

Fils de Jean II, dit le Bon, et de sa première femme, Bonne de Luxembourg (ou de Bohême, comme l'écrivent certains historiens), il est né à Vincennes, près Paris, le 21 janvier 1337 (n. s.). Nous ne dirons rien de sa vie, elle est dans toutes les Histoires de France. Nous nous bornerons à rappeler que, pendant la captivité de son père, en Angleterre, à la suite de la désastreuse bataille de Poitiers (19 septembre 1356), il fut régent du royaume, et qu'il monta sur le trône le 8 avril 1364.

Si Charles V n'est pas né à Pontoise, il dut y séjourner pendant son enfance, car son frère, Philippe II,

dit le Hardi, duc de Bourgogne, auquel *l'Écho Pontoisien* du 31 juillet 1879 a consacré une petite Notice, est
né le 15 janvier 1341 (vieux style, c'est-à-dire 1342),
à Pontoise, où sa mère habitait souvent l'ancien Château
Royal (1). Alors Jean II était duc de Normandie ; il
n'était pas encore roi : il ne monta sur le trône qu'en
1350, après la mort de son père, Philippe VI, de
Valois.

Bonne de Luxembourg, fille de cet héroïque Jean,
roi de Bohême, dit l'Aveugle, qui périt à la bataille de
Crécy en 1346, mourut elle-même à l'abbaye de Maubuisson, près Pontoise, le 11 septembre 1349, et y fut
inhumée. Charles V assista certainement aux funérailles de sa mère.

Les manuscrits de M. Pihan de la Forest nous ont
transmis l'intéressant détail suivant sur la sépulture
de Bonne de Luxembourg :

« Elle fut inhumée auprès du balustre du Sanctuaire,
du côté de l'Evangile, sous un tombeau de marbre noir,
élevé de deux pieds et demi, où elle est représentée en
marbre blanc couchée de son long ; et, à ses côtés est la
représentation des entrailles de son fils, le roi Charles V,
dit le Sage. On lit cette inscription sur une plaque de
cuivre attachée au pilier, vis-à-vis : « Ci gît très-

---

(1) Il s'élevait sur la pointe sud-ouest de la hauteur appelée encore :
le Château ; et fut démoli en 1740, parce qu'il menaçait ruine. Quant à
Philippe-le-Hardi, duc de Bourgogne, il ne faut pas le confondre, comme
l'ont fait bien des écrivains et des biographes, avec Philippe III, le Hardi,
fils de saint Louis et roi de France. Ce dernier est né le 1er mai 1245,
d'après le Père Anselme, le Père Le Long, l'art de vérifier les dates et la
chronique de Guillaume de Nangis, qui ajoute même que ce fut le jour de la
fête de saint Jacques et saint Philippe, etc. ; le 30 avril 1245, disent d'autres historiens ; mais on ignore le lieu de sa naissance.

excellente et très-noble dame Madame Bonne de Bohême, fille aînée de Bon, roy de Bohême, femme jadis du duc de Normandie, Jean, qui, depuis, fut roy de France, mère du roy Charles le Quint de son nom et sœur de Charles le Quart, empereur de Rome, laquelle trépassa en cette abbaie l'an 1349, le 11e jour de septembre. Delès (auprès) laquelle sont enterrées les entrailles dé son fils Charles, roi de France, qui trépassa en son hôtel de Beauté sur Marne le 16e jour de septembre de l'an 1380. — Priez Dieu pour eux. »

D'un autre côté, nous trouvons dans la « Vie de Marie des Anges (Suireau), abbesse de Maubuisson, » (un vol. in-12, 1754, sans nom ni lieu), page 364, le passage suivant :

« L'on fit encore quelques changements (en 1635), à des tombes des anciennes reines, que l'on recula un peu ; et, en le faisant, on trouva la reine Jeanne d'Evreux (veuve de Charles le Bel, morte en 1370), et la reine Bonne, assises dans leurs sièges, parées et leurs cheveux cordonnéz d'or, selon la coutume de ce temps là d'enterrer les reines. Mais la surprise de cet évènement ayant porté à s'en approcher un peu trop fort, le vent que l'on fit en s'approchant fit réduire en poussière ce que les yeux faisaient croire avoir encore bien de la solidité. »

M. l'abbé Trou, dans ses Recherches historiques sur Pontoise, a fait, page 105, une assez bizarre erreur sur la mère de Charles V. Il la fait mourir deux fois : En 1348, sous le nom de duchesse de Normandie et, en 1358, sous le nom de Jeanne de Luxembourg.

Dans le Recueil imprimé (21 vol. in-fol.) des « *Ordonnances des Rois de France de la troisième race,* » on trouve trois Ordonnances (ou *Lettres Royaux,* c'est le mot technique), en date à Pontoise et à Maubuisson, du 4 septembre 1357 ; une 4me donnée, à Maubuisson, le 18 du même mois de septembre, et une 5me datée de Pontoise, le 20 avril 1364. Aucune de ces Ordonnances, du reste, n'intéresse particulièrement Pontoise, ni Maubuisson.

D'un autre côté, M. Léopold Delisle, le savant Directeur de la Bibliothèque Nationale, a publié un grand nombre de *Mandements* (ou Ordonnances de payer), émanés de Charles V. (Mandements et actes divers de Charles V, 1364 à 1380, Paris, Imprimerie Nationale, 1874, un vol. in-4°.)

Nous y trouvons, datés de Pontoise, deux Mandements de payer des 19 et 20 avril 1364, et un autre du 16 août 1377 ; et, datés de Maubuisson, quatre Mandements du 7 juin 1372, 22 mars 1372 (vieux style, c'est-à-dire 1373), 14 et 15 août 1377. Un seul de ces actes intéresse Pontoise ; nous en parlerons plus loin.

Ce fut également à Pontoise qu'en 1359, Charles V, alors régent de France, vint de Paris se réunir avec Charles le Mauvais, alors résidant à Mantes, pour ratifier les conditions d'une paix que les agents de ces princes discutaient à Vernon. « Devant le peuple de » Pontoise, assemblé dans la salle du château, » dit l'historien Villaret, continuateur de Velly, « Charles » de Navarre répéta la déclaration d'être ami du roi » Jean et de son fils. »

Le 21 août 1359, à Pontoise, le Régent donna des Lettres touchant le douaire de la reine Blanche, veuve de Philippe VI de Valois (mariée en 1349, morte le 5 octobre 1398) [1]. Cette ordonnance ne se trouve pas au Recueil général énoncé plus haut.

[1] Cette reine Blanche, fille de Philippe d'Evreux, roi de Navarre, et

Tout cela établit des séjours assez fréquents de Charles V à Pontoise et à Maubuisson.

De plus, M. l'abbé Trou, dans ses « Recherches Historiques sur Pontoise » (Pontoise, Dufey, 1841, un vol. in-8°), relate aussi qu'en 1369, Charles V, « médi- » tant une entreprise contre les Anglais, vint à Pon- » toise se jeter aux pieds de la statue de la Sainte- » Vierge de Notre-Dame.... pour lui recommander » le succès de ses armes » (page 106).

L' « Abrégé historique de l'église Notre-Dame de » Pontoise » rapportait déjà que Charles V vint visiter cette église et lui fit de magnifiques présents (page 8 de la première édition, 1703, et de la 6ᵉ édition de 1838).

Dans les mandements publiés par M. Léopold Delisle, se trouve, sous le n° 1439, le suivant qui a trait à un fait du même genre :

« A Saint-Denis en France, 21 août 1377, » Charles ordonne de payer « à Martine La Thierrie, demourant » à Paris, la somme de cent francs d'or, en quoi nous » lui sommes tenuz pour cause de quatre draps d'or » que faiz avons achetter de elle la dicte somme et les » offrismes le jour de l'Assumpcion Nostre - Dame » darrenièrement passée en l'Eglise Nostre-Dame de » Pontoise, où nous oysmes nostre grant messe. »

---

de Jeanne (fille de Louis X), devait, à 18 ans, épouser Jean II, fils de Philippe VI de Valois. Elle était d'une beauté accomplie ; lorsque Philippe VI la vit, il s'en éprit et l'épousa, quoiqu'âgé de 56 ans. Blanche, devenue veuve, paraît avoir reçu Pontoise en douaire viager, car il existe aux Archives de la Mairie de Pontoise un grand nombre d'actes passés de 1360 à 1396, « devant les gardes du scel de la chastellenie de Pontoise, pour » Madame la Reine Blanche ; » et de plus, elle donna, le 23 juillet 1364, une ordonnance dont nous allons parler plus loin.

Enfin, M. Trou (page 108) dit qu'en 1370, Charles V vint à Maubuisson assister aux funérailles de Jeanne d'Evreux, troisième femme de Charles le Bel.

Mais remarquons ici, sans cependant chercher à approfondir la question, que ni M. Trou, ni le passage de la vie de l'abbesse Suireau, que nous avons relaté plus haut, ne sont d'accord avec le P. Anselme, la « Gallia Christiana, » et le P. Estiennot. D'après ces trois dernières autorités, les entrailles seules de Jeanne d'Evreux, morte à Brie-Comte-Robert, le 4 mars 1370, furent placées à Maubuisson ; son corps fut enterré à Saint-Denis.

Passons maintenant à des faits qui intéressent Pontoise à un autre point de vue.

Philippe-Auguste, qui avait fait entourer Paris d'une ligne de murs et de fortes tours, fit également fortifier nombre de villes environnant Paris, afin de protéger la capitale. Il est fort présumable que les anciennes murailles de Pontoise datent de cette époque. (1)

Charles V, instruit par les désastres de Crécy et de

(1) Les termes mêmes de la Charte de Commune donnée à Pontoise en 1188, par Philippe-Auguste, dont une clause met à la charge des habitants les fossés à faire, et tout ce qui concerne la fortification et la sûreté de la ville (*de fossatis faciendis et de omnibus ad villæ munitionem et firmitatem pertinentibus*) ; et une charte du même roi, de 1198, en faveur de l'Hôtel-Dieu de Pontoise, publiée par nos soins dans le second volume des « Mémoires de la Société Historique de Pontoise » (1880), viennent à l'appui de notre assertion.

On voit encore des parties des anciens murs de Pontoise dans le boulevard des Fossés, au Jardin public, et surtout dans quelques jardins de la rue du Vert-Buisson. Là l'ancienne enceinte, longeant le rû de Viosne, subsiste en plusieurs endroits sous la forme d'un mur épais de deux mètres et haut de quatre mètres, bâti de grès durs et de morceaux de roche, reliés avec un ciment de chaux blanche ; le tout est resté d'une extrême solidité et la pioche a bien de la peine à l'entamer.

Poitiers, où la fortune de la France avait failli sombrer,
ne parut jamais à la tête de ses armées ; il eut la sagesse
d'en confier la direction à l'illustre connétable Bertrand
du Guesclin, au connétable Robert de Fiennes, et à
divers « mareschaux de France, » Boucicaut et autres.
Mais il reprit l'idée stratégique de Philippe-Auguste,
idée, du reste, reprise de nos jours sous une forme
un peu différente, il est vrai. Il fit faire de grands
travaux de défense aux villes des environs de Paris. Il
n'est, du reste, pas douteux que sous son règne on ait
beaucoup travaillé aux fortifications de Pontoise, car
par des mandements rapportés au Recueil de M. Delisle,
en date des 21 novembre 1364, 3 octobre 1370, 20 août
1371, 24 mars 1373 et 21 janvier 1374, Charles V
octroie « aux maire, pers (pairs), juréz et habitanz de
» nostre ville de Pontoise » (1) diverses sommes pour
« les fortifications de leur ville » ou pour « convertir
» et emploier ès (en) reparacions des murs, pont et
» forteresces de la dicte ville. »

Un mandement donné à Maubuisson, le 22 mars
1372 (vieux style, 1373 — n° 956) est particulièrement
à remarquer ; il semble établir que Philippe le Hardi,
duc de Bourgogne, s'intéressait à la ville qui fut le
lieu de sa naissance. En voici le texte en partie :

« Charles.... nous, à la prière et pour contempla-
» cion de nostre très chier (cher) et très amé frère, le
» duc de Bourgogne, avons donné.... à nos amez les
» maire, pers et juréz de nostre ville de Pontoise, pour

(1) Remarquons ces mots : *Notre ville de Pontoise*, et non pas *Notre
bonne ville*. Les Bonnes villes étaient celles qui avaient racheté l'obligation
de payer la taille. Or Pontoise payait la taille.

» convertir ès reparacions de la porte et du pont de
» la dicte ville, trois cents francs d'or. » ......

Sans doute les anciennes fortifications de la ville
n'étaient plus en bien bon état, car dans un mandement daté de Paris du 6 juin 1376 (n° 1240 du Recueil
de M. Delisle), « Charles.... à la supplication de nos
» amez les maire, jurez, pers et habitans de nostre
» ville de Pontoise, disans une partie des murs d'icelle
» ville estre cheuz (tombés), » leur donne une somme
de 300 francs d'or.

Il est probable aussi qu'à cette époque, du reste si
malheureuse, où le peuple était écrasé par les impôts
de la guerre et de la rançon du roi Jean, Pontoise
n'était pas riche et avait bien de la peine à payer ses
lourds impôts, car dans plusieurs autres mandements,
sur la plainte des habitants de Pontoise, « comme il
» (sic) estoient extrèmement grevéz en païant les
» aides, » le roi leur fait des remises d'impôts (mandements des 17 juillet et 21 novembre 1364, 11 juillet
et 4 décembre 1365, 24 juillet 1368, 23 septembre 1369,
14 novembre 1377). Ces impôts devaient être, en effet,
élevés ; le mandement du 21 novembre 1364 parle de
« la somme de troiz mille florins d'or à l'escu, en
» laquelle pour ceste présente année la ville de Pon-
» toize a esté imposée pour le faict de la guerre ; » et
celui du 4 décembre 1365 de « mil escus... pour le
» darrenier (dernier) tiers des aides. » Ce mandement
semble montrer de plus qu'alors Pontoise était du ressort de la Cour des aides de Rouen. (1)

(1) Une ordonnance de Charles VI, donnée à Melun le 21 juin 1382,
déclare, au contraire, que le « Vexin le François, ne dépendant de la pro-

La Mairie de Pontoise possède les diplômes (ou expéditions) authentiques de deux ordonnances qui ne sont pas au recueil général dont nous avons déjà parlé. Par la première, donnée à Reims le 20 mai 1364, c'est-à-dire le lendemain même de son sacre, Charles V accordait encore aux habitants de Pontoise une remise de « mil francs » sur les tailles. Dans l'autre ordonnance, du 23 juillet 1364, Charles V et la reine Blanche, veuve de Philippe de Valois, qui avait probablement, à cause de son douaire, des droits de jouissance sur Pontoise, autorisent les maire, pairs et jurés de Pontoise à asseoir, pendant un an, certaines contributions sur le vin, les draps, les cuirs et diverses marchandises et denrées, afin de subvenir aux dépenses qu'ils ont faites à l'occasion tant de la rançon du roi Jean que de l'entretien des gens de guerre et des réparations des fortifications de la ville. (1)

Mais voici une pièce plus importante encore pour notre histoire locale : par Lettres données à Paris, en mai 1359, et rédigées en latin, Charles, exerçant la régence, déclare, qu'à cause de la fidélité envers son père et lui, que le maire, les échevins, la commune et les habitants de la châtellenie de Pontoise (*maïor, jurati, communitas, villa de Pontizara et Castellania*) ont

vince de Rouen que pour le *spirituel*, mais étant du ressort du Bailliage de Senlis, ses habitants paieraient les aides, « comme Français, » et pour mettre, cueillir et livrer les dites aides « commettraient tels que bon leur semblerait, sans être tenus « d'obéir et respondre aux esleus et commis du » pays de Normandie. »

(1) Nous sommes redevable de ces derniers renseignements à M. Joseph Depoin. Nous espérons qu'il voudra bien publier en entier l'ordonnance du 23 juillet 1364 ; elle est très intéressante, car elle constate la création d'une sorte d'octroi.

toujours montrée, la ville de Pontoise ne sera jamais séparée du Domaine Royal et de la Couronne de France. Malgré l'intérêt de ce document, nous n'en donnerons pas le texte ; il est trop long et les considérants en sont d'une complète banalité, à l'exception de ce que nous en avons dit. Il figure, au surplus, au Recueil des Ordonnances des Rois de France, sous le numéro 198 du tome IV.

M. l'abbé Trou, page 34 de ses *Recherches Historiques*, rapporte en entier une autre ordonnance de Charles V, donnée à Paris en juin 1365, autorisant l'établissement, dans l'église de Saint-Maclou, de la chapelle de Notre-Dame de Pitié, dite *aux Bourgeois*, pour l'acquit « envers » les héritiers de feu Pierre P   n, d'un prêt de huit » marcs d'or fait.... pour la clôture et défense de la » ville. » Cette ordonnance ne figure pas au Recueil général déjà cité ; on en trouve une copie dans les papiers de M. Pihan de La Forest, à la Mairie de Pontoise.

Taillepied, dans ses « Antiquitéz et singularitéz de la ville de Pontoise, » et le savant Dom Duplessis, dans sa « Description de la Haute-Normandie » (2 vol. in-4°, Paris, Didot, 1740), relatent que pendant la guerre contre l'Angleterre, en 1358, la sûreté de la ville ayant exigé que l'on rasât l'ancienne demeure des Cordeliers, établie près la porte d'Ennery, le dauphin Charles, exerçant la régence, autorisa ces religieux, par Lettres de février 1358, à s'établir à l'emplacement que leur couvent a occupé jusqu'à la Révolution, et qui est aujourd'hui l'Hôtel-de-Ville de Pontoise.

M. Pihan de La Forest, dans ses manuscrits, parle aussi de cette translation.

L' « Abrégé des Antiquitéz de la ville de Pontoise »
(1 vol. in-8°, Rouen, chez Ph. Cabut, 1720), à propos
de la Confrérie aux Clercs de Pontoise, rapporte que
Charles V la dota de gros revenus. Dom Duplessis est
bien plus explicite à ce sujet, et on doit avoir foi dans
ses assertions, car il a travaillé en s'aidant des archives
et des registres de toutes les églises et anciennes cor-
porations. D'après lui (page 209 de l'ouvrage cité plus
haut), Charles V, par Lettres du 29 septembre 1374, fit
don à cette Confrérie des biens de Nicolas Triquart,
receveur des tailles du bailliage de Gisors, qui avaient
été confisqués pour crime de péculat ; et ce roi se serait
fait admettre comme membre de cette Confrérie en
1369. Duplessis ajoute parmi les princes qui s'y sont
fait inscrire : la reine Jeanne de Bourbon, épouse de
Charles V, en 1371 ; trois de leurs filles, en 1372 et
1373 ; et Philippe duc de Bourgogne, en 1381. La
célèbre Isabeau de Bavière, femme de Charles VI, en
aurait fait autant en 1398.

La « Notice inédite sur l'église de Notre-Dame et
» sur la Confrérie aux Clercs » qui se trouve à la fin
de la 6e édition de l' « Abrégé historique de l'église de
» Notre-Dame » (Paris, chez Pihan de la Forest, 1838,
page 127) et M. l'abbé Trou relatent les mêmes faits en
partie.

Charles V s'est occupé aussi de l'Hôtel-Dieu de
Pontoise.

Par ordonnance donnée à Royaumont, en août 1357
(ne figurant pas au Recueil des ordonnances des rois
de France), pendant sa régence, il confirma la dispense
accordée à l'Hôtel-Dieu de Pontoise par Charles le Bel,
en 1326, et par Philippe VI, en 1328, de fournir aucune

réquisition en chevaux, fourrages, vins et denrées
« pour l'hostel du Roy. » Les expéditions originales de
ces trois ordonnances existent encore dans les Archives
de l'Hôtel-Dieu.

Enfin, il dispensa le même établissement de payer
aucun impôt (1), en vertu de Lettres Royaux donnés
au Louvre lez Paris, au mois de mars 1358 (vieux
style, c'est-à-dire 1359). Nous allons reproduire une
partie du texte de cette pièce, qui, rédigée en français,
peut donner aux lecteurs, ainsi que les extraits déjà
contenus en ce chapitre, une idée de la langue et de
l'orthographe, assez bizarre, de l'époque. Nous ajouterons entre parenthèses les mots ayant besoin de traduction :

« Charles ainsné (aîné) fils du Roy de France,
» Régent le Roiaume, duc de Normandie et Dalphin
» (dauphin) de Viennois ; Sçavoir faisons à tous pré-
» sens et avenir, Que nous considerans comme le ser-
» vice divin, par nuit et par jour, est fait et les autres
» grans biens, aumosnes et euvres de charité qui
» chascun jour sont et puent (peuvent) estre faiz aus
» povres malades et femmes accouchiées en l'ospital
» de Pontoise et que le dit hospital est fondé, doué (doté)
» et édifié du propre de la Couronne de France et est
» le propre bien et demainne (domaine) de nre (notre)
» très chier (cher) Seigneur et père et de nous, Et que
» ledit lieu et hospital appartient à nostre dit Seigneur

(1) Il n'en est plus de même aujourd'hui. L'Hôtel-Dieu ou Hospice de
Pontoise paie annuellement plus de 7,000 fr. d'impôts, y compris celui de
main-morte. En outre, il est assujetti, comme le reste de Pontoise, aux
droits d'octroi. Ajoutons que cette dispense de payer des impôts a été renou-
velée au profit de l'Hôtel-Dieu par divers rois de France.

» (son père, le roi Jean) et à nous et non à autre. Et
» en regard ad ce que ainsi come (comme) par main-
» tefois nous donnons à plusieurs personnes, Eglises
» et autres lieux qui ne sont pas si notres, sans moien
» come est le dit hospital, amortissement et nobleces
» (noblesse) [1] et libertez, nous pouvons bien aux nos_
» tres propres faire tels grâces et semblables. Pour ce
» est il que nous, y celui hospital de Pontoise, la
» prieure, les frères et suers (sœurs, religieuses) et
» toutes les appartenances d'iceluy et chacun d'euls
» franchissons (affranchissons), quittons et faisons non
» redevables à touziours, par les présentes, de grâce
» espal (escepéciale), certaine science et auctorité royal,
» dont nous usons à présent en faveur des povres et
» pour Dieu et en aumosne et sans païer pour ce
» finance, de toutes tailles, subsides, impositions,
» aides, et exactions quelsconques, qui à cause dudit
» hospital ou de ses appartenances leur pourroient
» estre demandées et imposées par quelque manière
» et pour quelconque cause que ce soit. Si (ainsi ou
» c'est pourquoi) donnous en mandement... au maire
» de Pontoise..... » etc.

L'Hôtel-Dieu possède l'expédition originale de cette
ordonnance (2). C'est un parchemin de 42 centimètres
de largeur sur 35 de hauteur, y compris le *replis* sur
lequel on voit à droite cette formule, encore conservée

[1] La noblesse dispensait de payer certains impôts.

(2) Nous disons : *Expédition originale* ; cela signifie l'expédition ou copie
délivrée au moment de la confection de l'ordonnance. On l'appelle aussi
Charte quand elle est ancienne. Mais le véritable *original*, la minute, comme
l'on dit encore, restait aux mains des officiers du roi et était placé et conservé dans le « Trésor de ses Chartes. »

dans la langue comme proverbe, : *Gratis pro Deo* (gratis pour Dieu) ; c'est-à-dire que l'octroi de cet acte de bienfaisance ne coûtait aucun droit de chancellerie et était enregistré gratis.

Dans le replis est passé un écheveau de fils de soie verts et rouges, ce que l'on appelle un *lacs*, engagé dans un sceau rond de cire verte, de dix centimètres environ de diamètre, assez bien conservé, quoiqu'un peu mutilé sur les bords. On y voit très bien, sur un cheval galopant à droite, un personnage tenant une épée *haute* de la main droite et un écu au bras gauche, revêtu d'armes et la tête couverte d'un casque couronné. Autour on lit encore ces quelques mots : KAROL... PRIMOGENIT... DELPHIN... (Charles.... aîné... dauphin...) Au revers est l'empreinte du contre-sceau : un écu entouré d'une légende, mais elle est effacée et illisible.

Cette ordonnance ne figure pas au Recueil des Ordonnances de nos rois ; on n'y trouve qu'une approbation ou confirmation (ce que l'on appelle un *Vidimus*) de Charles VI, donnée à Paris, en novembre 1397 (Tome VIII, n° 157.)

Quant au sceau de Charles, comme régent, bien qu'il soit assez rare et ne se trouve pas dans la collection des sceaux des Archives Nationales, il est gravé dans le magnifique ouvrage intitulé : « *Trésor de numismatique et de glyptique.* » (Paris, 1834-1850, 22 vol. in-f°. Tome 2, 2ᵉ partie, planche II, n° 1). La légende du sceau est ainsi rétablie :

S. KAROLI PRIMOGENITI FRANCOR. REGIS DELPHINI VIENNENS. (Sigillum Karoli primogeniti Francorum regis, Delphini Viennensis. Sceau de

Charles, fils aîné du roi des Français, dauphin du Viennois). Elle présente cette particularité bizarre, mais dont on trouve d'autres exemples, que le mot « Primogeniti » est répété deux fois.

Le contre-sceau représente, au milieu d'une rosace, un écusson écartelé des armes de France et de Dauphiné, avec cette légende : CONT. S. KAROLI DE FRANCIA DALPHINI VIENN. (Contra sigillum Karoli de Francia, Dalphini Viennensis. Contre-sceau de Charles de France, dauphin du Viennois.)

Quant au titre de Dauphin du Viennois que portait Charles du vivant de son père, remarquons que le souvenir de Pontoise s'y trouve encore un peu mêlé.

En effet, on sait que Charles V fut le premier des enfants de France qui ait porté le titre et les armes de dauphin du Viennois. Humbert, le dernier seigneur du Dauphiné, avait originairement cédé cette province à Philippe duc d'Orléans, deuxième fils de Philippe VI de Valois, en 1343. Mais ce ne fut que par un traité fait à Lyon, le 16 juillet 1349, que Humbert se dessaisit définitivement de tous ses droits sur ses Etats en faveur de Charles fils aîné du roi Jean. Or, ce fut par un acte passé à Maubuisson, en septembre 1349, que Philippe duc d'Orléans renonça, en faveur de son neveu Charles, à tous les droits qu'il pouvait avoir sur le Dauphiné, en vertu du premier traité.

Enfin, Dom Estiennot et M. Pihan de la Forest, d'après lui, ont relaté dans leurs manuscrits deux diplômes de Charles V, des 17 janvier 1370 et 3 octobre 1371, par lesquels ce roi a confirmé le droit que les religieux de St-Martin avaient de percevoir certaines oblations faites dans la paroisse de Notre-Dame de Pontoise.

Charles V mourut au château de Beauté, près Vincennes, le 16 septembre 1380. Il fut enterré à Saint-Denis, mais ses entrailles furent inhumées à l'abbaye de Maubuisson, dans le tombeau de sa mère. Il l'avait prescrit ainsi par son testament, daté de Paris, du mois de juillet 1379, voulant qu'à cause de son respect filial *le rameau fût rapproché de la branche, le fruit de l'arbre, et une partie de son corps du sein qui l'avait porté.* Par ce testament, il fonda dans cette abbaye divers services pour le repos de son âme et de celles de ses aïeux, et lui légua la seigneurie de Courcelles, dans le Vexin Normand.

CHAPITRE VI

L'ÉGLISE SAINT-MACLOU
A PONTOISE

Le Magasin Pittoresque, cette publication qui, fondée en 1833, a conservé toute sa vogue, méritée par l'heureux choix de ses sujets et par l'excellence de sa rédaction et de son exécution, ce recueil, qui plaît et convient à tous les âges et peut être mis sous tous les yeux, a donné, au mois de septembre dernier, un article fort intéressant sur cette église, avec une très bonne gravure sur bois, représentant le grand portail et la tour.

Nous allons reproduire cet article en entier et sans y rien changer ; toutefois, nous prendrons la liberté d'y ajouter, sous forme de renvois, quelques

notes destinées à relever diverses erreurs et omis-
sions. L'auteur de cet article, par un scrupule fort
louable, ne s'est pas borné à décrire ce qu'il avait
vu ; il s'est reporté aux « Recherches historiques »
de M. l'abbé Trou, et a été ainsi amené à reproduire quelques-unes des erreurs de cet ouvrage et
à confondre les places de certains objets.

Cette église est classée parmi les monuments
historiques. On ne possède aucun cartulaire don-
nant la date exacte de sa fondation. Dans une
charte de 1544, il est dit, en parlant de ce monument. « qu'il existait depuis trois cents ans et
plus, » ce qui le ferait remonter au treizième
siècle. Or, il y a des parties antérieures au treizième
siècle. D'autres auteurs du seizième siècle le font
remonter jusqu'au sixième siècle ; mais la simple
inspection des parties les plus anciennes prouve
qu'il ne faut pas chercher l'origine au delà de la
fin du onzième siècle ou du commencement du
douzième. En faisant des fouilles dans l'intérieur de
l'église, on a trouvé des débris de constructions
qui appartenaient à une petite chapelle souterraine,
peut-être du huitième, peut-être même du sixième
siècle. mais qui n'ont aucun rapport avec l'édifice
actuel. Toutefois, le souvenir de ce petit sanctuaire

a pu rester sous forme de tradition ; de là l'erreur, mentionnée plus haut, des auteurs du seizième siècle. (1)

Le culte de *saint Maclou* ou *saint Malo* étant en grand honneur depuis la plus haute antiquité sur les côtes de la Normandie ; plusieurs archéologues, et entre autres le consciencieux abbé Trou, qui s'est fait l'historiographe minutieux de Pontoise, se sont crus en droit d'admettre que Saint-Maclou de Pontoise avait été commencé par quelque prince anglo-normand, d'autant mieux qu'à l'époque qui répond au commencement des travaux, la guerre entre Anglais et Français ne désolait que trop souvent ce pays, et que Pontoise échappa plusieurs fois aux mains du roi de France pour tomber dans celles du roi d'Angleterre.

D'une manière générale, Saint-Maclou peut remonter à la fin de l'époque romane. On y travailla pendant plusieurs siècles, et on y trouve des parties

(1) L'origine de Saint-Maclou est inconnue ; mais elle ne peut remonter au delà du Xe siècle, car il est aujourd'hui reconnu qu'avant 885 la ville de Pontoise n'existait pas, au moins sur son emplacement actuel. On présume qu'il y a eu d'abord, à la place du chœur actuel de St-Maclou, une chapelle dédiée à Saint-Eustache ; c'est peut-être à cette origine que Saint-Maclou devait cette particularité, dont il y a, du reste, d'autres exemples, d'avoir possédé deux curés en titre jusqu'en 1743.

On peut, sur tout ce qui concerne cette église, se reporter à un article de M. Joseph Depoin : « Quelques notes archéologiques sur Saint-Maclou, » publié dans l'*Echo Pontoisien* des 10 et 24 décembre 1874.

importantes qui datent de la renaissance. Les styles sont donc bien mélangés ; l'unité architecturale y perd sans doute, mais la curiosité archéologique trouve à s'y satisfaire.

Le grand portail, ou portail occidental, celui que représente notre gravure (1), a trois portes : la grande qui correspond avec la nef, celle de la tour et celle du corps de bâtiment à droite qui ouvrent sur les bas-côtés. La porte du milieu est ogivale, dans le style du quinzième siècle. Les archivoltes de la voussures sont décorées de figures et d'ornements exécutés avec une grande délicatesse ; malheureusement, Saint-Maclou, comme beaucoup d'autres églises, a souffert de mutilations regrettables. Le tympan de cette porte était aussi recouvert de scènes sculptées dont il ne reste plus que des vestiges.

L'ogive extérieure est encadrée d'un gable ou fronton triangulaire dont le sommet est détruit. Il y a encore quelques crochets sculptés sur les morceaux de ce gable qui ont subsisté.

Le gros mur forme retraite. Il est percé d'une belle rosace en style flamboyant (2), surmontée elle-même d'un arc en accolade avec crochets et

(1) La gravure sur bois qui précède l'article ; il ne nous est pas possible malheureusement de la reproduire ici.

(2) Cette rosace a été en partie détruite par l'orage à grêle du 12 août 1875 ; depuis cette époque, elle n'a pas été réparée et est recouverte de planches.

panache terminal. Au-dessus de cet arc s'élève le pignon de la nef. On aperçoit, derrière le contrefort qui est à droite de la rosace, un clocheton en pyramide avec crochets et panache ; ce clocheton recouvre la cage d'un escalier intérieur qui conduit à la tribune de l'orgue.

La tour a un aspect à la fois simple et élégant. Les contre-forts qui règnent jusqu'en haut sont garnis de dais et de clochetons en style ogival du quinzième siècle. On remarquera trois dais finement sculptés à cette façade, deux à la tour et un à la droite de la grande porte. Ils abritaient des statues qui ont disparu. La voussure de la porte ménagée dans la tour a ses archivoltes également décorées de dais et de feuillages d'un joli travail. Le tympan de cette même porte n'est pas plein, mais évidé à jour et garni de vitraux : il sert de fenêtre pour éclairer l'intérieur. Au-dessus de la porte, le gros mur de la tour, formant retraite, est garni d'une balustrade découpée à jour. La tour a trois étages ; les deux derniers sont percés de longues doubles baies garnies d'abat-vent. La plate-forme du sommet de la tour est bordée d'une balustrade découpée. Au lieu d'une flèche, qui l'aurait si bien terminée, elle porte une espèce de couronnement qui date de 1552.

« Le 25 septembre de cette année-là, dit l'abbé Trou, qui a vu des documents exacts, un marché fut passé par-devant Ledru, notaire à Pontoise, entre les administrateurs de la fabrique de Saint-Maclou et Pierre Lemercier, architecte, à l'effet d'élever sur la plate-forme de cette tour l'espèce de dôme que nous y voyons aujourd'hui. Ce beau travail n'a coûté, à cette époque, que 525 livres tournois. C'est dans ce dôme que se trouve renfermée la vieille cloche de l'antique beffroi de la cité, destinée jadis à sonner l'alarme dans les grands dangers d'invasion et surtout d'incendie. » On lit sur cette cloche un vers latin où l'on a cherché l'harmonie imitative :

Unda, unda, unda, unda, unda, unda, unda ! accurite, cives !
(De l'eau, de l'eau, de l'eau, etc. ! accourez, citoyens !) (1)

La longue tourelle hexagonale que l'on voit à l'angle nord-est de la tour sert de cage à un escalier. C'était, du reste, au moyen âge, un procédé fréquent que de placer l'escalier en dehors du corps de la construction proprement dite, et cette habitude a souvent fait trouver de fort belles combinaisons architecturales.

La partie de la façade, située à la droite de la grande porte, date de la renaissance. On le reconnait aux lignes générales, à la forme des pilastres, aux ornements des chapiteaux et de l'entablement.

(1) Nous nous proposons d'établir plus tard que cette cloche n'a jamais existé, quoiqu'en aient dit M. l'abbé Trou et les nombreux historiens qui ont puisé dans son ouvrage ; et nous publierons les inscriptions que portent les cloches de l'église Saint-Maclou.

Cette élégance un peu froide et sèche, cette porte et cette fenêtre à cintre, conviendraient plutôt à une habitation privée, à une construction civile, qu'à un édifice religieux. Les additions du seizième siècle ont trop souvent ce caractère.

Le bas-côté méridional est du seizième siècle (1) et du même style que ce coin de façade. Ce sont toujours les mêmes pilastres, les mêmes chapiteaux et la même frise.

Le petit portique méridional est inachevé. Son architecture est d'ordre corinthien, avec les guirlandes et feuillages que comportait le style de la renaissance. Le tout est fort mutilé.

Avec le pignon du transept, on remonte au douzième siècle. Dans l'angle sud-est se trouvent la sacristie et la trésorerie, construites en style ogival du quinzième siècle. On y voit quelques niches à dais sculptés à jour. Les statues ont disparu.

Le chevet de l'église est garni de chapelles demi-circulaires qui remontaient jusqu'au douzième siècle. Mais ces chapelles ont été considérablement réparées ou plutôt remaniées au quinzième.

En tournant au nord, on remarque le pignon du transept, symétrique de celui du midi et de la même époque. Le petit portique latéral du nord

(1) On lit, en effet, la date de « 1578 » sur le deuxième pilastre au midi, faisant face à l'escalier monumental.

est, comme plusieurs autres parties déjà citées, de style renaissance. (1)

Tout le reste de la partie septentrionale est de la fin du seizième siècle. Malgré les boutiques et les maisons qui masquent une partie de ce côté de l'église, on voit bien nettement à gauche de la tour une construction du genre et du style de celle qui est à droite de la grande ogive, et qui ne fait pas meilleur effet dans l'ensemble de la façade. Les pilastres ont des chapiteaux élégamment sculptés. Des figures et emblèmes funéraires avec cette inscription : MEMENTO MORI, indiquent qu'il y avait là autrefois un ancien cimetière. (2)

(1) L'auteur aurait dû insister sur le mérite de ce petit portail du nord, celui qui est à l'angle de la rue Pierre-aux-Poissons. C'est une œuvre excellente de la renaissance, aux détails fins et pleins de goût ; aussi M. Chabat, l'habile architecte qui vient d'être chargé de la construction de nos abattoirs, a-t-il cru devoir reproduire ce portail, avec un texte explicatif, dans la planche XLIII de sa remarquable publication : « Fragments d'architecture...... avec notices descriptives, par Pierre Chabat ; » 60 planches en deux séries ; Paris, à la librairie centrale d'architecture, Vᵉ A Morel.

Il est regrettable qu'on n'ait jamais songé à restaurer cette jolie porte, dont les délicats ornements s'effacent et menacent de disparaître sous l'action du temps.

(2) Il y avait, en effet, au nord et à l'est de Saint-Maclou, un cimetière qui occupait une partie de la place du Petit-Martroy et même tout le terrain en triangle sur lequel sont bâties les maisons séparant les deux marchés. Ce cimetière a été supprimé en 1743 et remplacé par

L'intérieur de St-Maclou offre ceci de particulier qu'il y a deux bas-côtés dans la partie septentrionale (1), et un seul dans la partie méridionale. Ces bas-côtés sont accompagnés, au midi, de quatre chapelles, de six autour du chœur, de quatre au nord : dans l'angle nord-ouest se trouve une grande chapelle, dite de la Passion. On la voit en grande partie dans notre gravure, à gauche de la tour.

celui de « *Clamard*, » situé au lieu appelé encore le Vieux-Cimetière, auprès de la nouvelle prison. Le cimetière de Clamard a été lui-même supprimé en 1809, quand on a créé le cimetière actuel.

En outre, au midi de St-Maclou, il y avait le cimetière « des Bouchers, » établi sur l'emplacement de partie de la maison Caffin et du petit jardin y attenant, entre la rue de l'Hôtel-de-Ville et la rue de la Bretonnerie, et non pas au chevet de l'église. M. Pihan de la Forest est formel à cet égard, car, dans son manuscrit n° 901, page 48, voici ce qu'il dit : « Auprès de l'escalier qui descend dans la » rue du Pis-de-Vache (aujourd'hui de la Bretonnerie), » était le cimetière des Bouchers. Le presbytère de Saint-» Maclou avait un passage par le milieu de ce cimetière. » qui sert aujourd'hui de terrasse à cette maison et de » jardin planté de tilleuls. »

L'escalier a été supprimé il y a 3 à 4 ans, et les tilleuls abattus ; et il n'y a pas plus de quinze ans qu'on a détruit la galerie traversant, en forme de pont. la rue de la Bretonnerie, qui formait la sortie de l'ancien presbytère.

(1) Ces deux bas-côtés sont séparés par des colonnes cylindriques, dont les chapiteaux, d'ordre composite, sont fort estimés et ont été reproduits par le « Moniteur des Architectes. » 50e volume, planche 600.

La voûte et les ogives de la grande nef se font remarquer par l'ornementation luxueuse du quinzième siècle. On cite ses belles clefs pendantes délicatement sculptées et représentant des écussons, des insignes, des astres et Saint-Maclou lui-même. Les pilastres des bas-côtés sont ornés d'élégants chapiteaux, de feuillages et de figures symboliques. Autrefois, ces pilastres étaient décorés de bas-reliefs depuis la base jusqu'au chapiteau ; mais ces sculptures ont disparu. (1)

Le chœur est orné à son entrée de deux jubés en bois sculpté. Grille et jubés sont d'un travail touffu et datent du dix-septième siècle. (2)

La voûte de la travée centrale du transept, qui se trouve au-dessus du chœur, présente un réseau de nervures se coupant en plusieurs sens, selon le système décoratif et architectural employé souvent dans le style ogival de la dernière période. Il en résulte des figures telles que des croix grecques, de Jérusalem, et autres dessins géométriques. A la clef de cette voûte sont sculptés des anges, des

(1) Ces regrettables mutilations, opérées sous le prétexte de corriger l'irrégularité de « *piliers, dont pas un ne se ressemblait, et de leur donner plus de légèreté !* » ont eu lieu vers 1783. M. Joseph Depoin en a donné les détails dans l'article relaté dans notre numéro du 30 juin.

(2) Tout en nous associant aux éloges donnés à cette décoration, nous regrettons qu'il ait été nécessaire d'y comprendre certains panneaux de carton-pierre, peints en imitation de bois.

chiffres de François Ier et de Henri II, et un groupe
symbolique de trois personnages.

La partie inférieure de l'abside se compose d'arcades du douzième siècle. Ces arcades sont surmontées de grandes croisées du quinzième siècle.
Une partie du bas de cette partie de l'église, qui
serait fort curieuse à étudier à cause de son antiquité, est masquée par des décorations du temps
de la renaissance. Les chapelles du rond-point sont
de style roman. Les voûtes, qui ont été refaites
plus tard, sont à ogives et dans le style du quinzième siècle.

Les bas-côtés et les chapelles adjacentes offrent
le luxe d'ornementation et la profusion de sculptures que les artistes de la renaissance aimaient à
déployer dans leurs œuvres.

La chapelle de la Passion, que nous avons déjà
citée, est un grand carré long dont la voûte est
plus élevée que celle des bas-côtés de l'église.
Cette voûte est à nervures entrecroisées, comme la
voûte du transept, avec clefs pendantes découpées
et ciselées. Mais ce que la chapelle renferme de
plus curieux, ce sont deux groupes de la renaissance représentant deux sujets religieux. Les
artistes du seizième siècle, du reste, ont reproduit
en plus d'un endroit ce genre de décoration, consistant à traduire des scènes des livres saints avec
des statues de grandeur au moins naturelle, disposées dans un ordre dramatique et quelquefois un

peu théâtral. L'un des groupes de la chapelle de la Passion est un sépulcre. Il se compose de huit statues en pierre représentant la sépulture de Jésus-Christ. On remarque la beauté de la tête du Christ, qui est enseveli par Nicodème et Joseph d'Arimathie, et la vérité d'attitude des autres personnages : la Vierge, s'affaissant sous le poids de sa douleur, est soutenue par saint Jean, pendant que Madeleine et les autres femmes contemplent ce triste spectacle avec une affliction profonde.

Dans une tribune supérieure, six statues représentent la Résurrection du Christ. Il foule d'un pied la pierre de son tombeau, et s'élève triomphant vers les cieux. Un ange est assis sur la pierre renversée. Alentour sont les gardes effrayés, et, dans le lointain, on voit les saintes femmes qui viennent, avec des vases de parfums, embaumer le corps de Jésus. (1)

(1) Les deux alinéas qui précèdent demandent quelques explications.

La Chapelle de la Passion s'appelait jadis : la Chapelle de Notre-Dame de Pitié, dite des Bourgeois, parce qu'elle était le siège de la Confrérie de Notre-Dame des Bourgeois, reconnue par Charles V, suivant *Lettres Royaux* de juin 1365.

Cette chapelle a été rebâtie vers le commencement du xvie siècle, en remplacement de celle qui existait sous Charles V, et le portique qui forme l'encadrement du « sépulcre » doit être un peu postérieur : il est du style de la Renaissance, imitant l'architecture gréco-romaine.

Le groupe de la partie basse est de la même époque; cela

La chapelle de la Passion a ses quatre fenètres

se reconnaît aux poses et aux draperies des personnages ; l'une des saintes femmes porte même sur la tête le croissant d'Hécate, emblème de Diane de Poitiers. Les artistes pensent que ce groupe est dû à deux mains différentes ; les cinq statues du fond semblent provenir d'un autre ciseau que celui qui a produit les trois personnages du devant : le Christ, Nicodème et Joseph d'Arimathie, qui sont d'une excellente exécution. On a même prononcé le nom de Germain Pilon (mort en 1590), pour ces trois dernières statues ; mais leurs formes un peu lourdes et trapues autorisent-elles cette supposition ?

Quant au dessus du sépulcre (ce que notre auteur appelle « la tribune »), les statues qui le décorent sont en bois peint et bien évidemment d'une époque très postérieure au reste du monument. D'après Taillepied, qui écrivait en 1587, il y avait alors « dans ce sépulchre... deux mystères, » au premier desquels est la représentation de la descente » de la Croix, et au deuxième est effigiée la sépulture, à » beaux et grands pourtraits d'images tirées au vif. » Nous présumons de tout ceci que l'ancien groupe supérieur de la descente de la Croix se sera trouvé détruit, et qu'il aura é'é remplacé vers la fin du XVII⁰ siècle, par le groupe actuel de la Résurrection.

L'ange, qui est en avant du tombeau, est tout à fait moderne et assez gauchement fait. Il a remplacé un autre ange qui était en cuivre et aura été, probablement, converti en *sous* ou en *canon* à l'époque de la Révolution.

Enfin les trois femmes, fixées au contrefort de gauche et qui viennent apporter des parfums, sont en plâtre et plutôt de la décoration que de l'art.

Le monument total a été reproduit dans une assez faible gravure sur bois de la publication « les Chemins de fer Illustrés, par N. Gallois. » (Paris, in-4º, sans date, 10⁰ livraison.)

garnies de beaux vitraux anciens (1). Des débris de

(1) La Chapelle de la Passion a. en effet, quatre verrières ; mais les deux qui sont au fond, c'est-à-dire à côté du sépulcre, sont tout à fait modernes et n'ont rien à voir avec l'art ; c'est de la production commerciale ; voilà tout ce qu'on en peut dire.

Au contraire, les deux grandes verrières qui sont au nord, à droite en entrant dans la chapelle, sont des plus remarquables. La scène du Crucifiement est un véritable chef-d'œuvre, et peu de vitraux peuvent soutenir la comparaison avec cette immense et splendide page. Comme les personnages se *tiennent* bien ! Comme les têtes ont l'air d'être vivantes et de penser! Quelle différence avec les *bonshommes* des vitraux modernes, aux figures bellâtres, aux corps amollis, qui paraissent pleins d'étoupe et de son, à l'instar des mannequins articulés qui leur ont servi de modèle ! Comme les couleurs brillent et sont savamment ménagées, et comme le verre, malgré son coloris, est resté transparent! Et le dessin, qu'il est beau ! Aussi l'a-t-on attribué au célèbre Jean Cousin, mort en 1590. Cette attribution est-elle exacte? Aucun document n'existe pour nous éclairer ; l'œuvre n'est pas signée, mais elle porte la date de 1545. Si l'on adopte l'opinion des anciens biographes, qui ne faisaient naître Cousin qu'en 1530, il serait impossible qu'il fût l'auteur de ce chef-d'œuvre. Cependant des recherches plus récentes semblent établir que Cousin serait né en 1500 ou 1501 ; alors il n'y aurait plus d'anachronisme ; mais c'est aux artistes à décider la question. Enfin le quatrième vitrail, « le Portement de la Croix, » magnifique comme exécution et comme coloris, est d'un dessin beaucoup moins pur ; il nous paraît postérieur au précédent, d'un demi-siècle, au moins.

Signalons, auprès de la chapelle de la Passion, dans le bas côté nord, derrière le calorifère, un curieux vitrail à petits personnages, qui doit dater des premières années de François Ier, car ses détails d'ornementation sont tout à fait dans le genre italien.

vitraux sont restés encore à d'autres chapelles. On voit une belle *Descente de croix* de Jouvenet derrière le maître-autel. (1)

Les amateurs de musique ou d'archéologie musicale doivent faire une visite à l'orgue, qui est estimé. Taillepied, qui écrivait au seizième siècle, dit que de son temps l'orgue de Saint-Maclou passait pour un des plus beaux que l'on connût. C'était l'œuvre de *maître Mathieu Hazard, premier organiste de France*. Ce Mathieu Hazard avait beaucoup de réputation à son époque, et avait remporté un prix à Rouen pour un motet qu'il avait composé à l'occasion de la fête de Sainte-Cécile. On

(1) La belle *Descente de Croix*, de Jouvenet, a figuré longtemps au fond du maître-autel. Mauvaise place, car là on ne pouvait pas voir cette admirable peinture, et il y avait à redouter pour elle la fumée des cierges et les risques d'incendie. Depuis plus de vingt-cinq ans elle a été, sur l'initiative très louable de M. Driou, curé actuel de Saint-Maclou, déplacée et mise au dessus du banc d'œuvre. Là elle est à l'abri de tout danger, et on peut l'admirer facilement.

Elle a été remplacée au maître-autel par une assez bonne copie, donnée par l'Etat, de l'Extrême Onction de Jouvenet (sujet reproduit en gravure par Masquelier Jeune).

Quant à la descente de Croix de Jouvenet, qui porte la date de 1708 et provient de l'ancien couvent des Jésuites à Pontoise, on trouvera les détails les plus complets à son sujet dans l'intéressant ouvrage de M. Henri Le Charpentier, « les Jésuites à Pontoise. » (Pontoise, lib. Seyès 1880, un vol. in-8⁰, contenant une reproduction héliographique de la belle gravure qu'Als Loir a faite de ce tableau.)

sait aussi que l'orgue de Saint-Maclou avait coûté
13,000 fr., somme considérable pour le temps :
ce chiffre indique l'importance qu'on attachait à la
partie musicale du culte dans la ville de Pontoise.
On sait, du reste, à ce propos, que les curés de
Saint-Maclou « devaient être gradués, licenciés en
théologie et maitres ès arts pour le moins. » Ils
devaient savoir la musique, parce qu'*en cette église,*
dit Taillepied, *il y avoit un grand usage de cet art,
ainsi qu'aux autres églises de la ville.* (1)

(1) Nous ignorons si l'orgue, chef-d'œuvre de Mathieu
Hazard, a subsisté jusqu'à ces derniers temps. Mais en
tous cas, le buffet d'orgue actuel, en chêne sculpté, est
de l'époque de Louis XV ; et l'orgue lui-même a été entièrement refait en 1876-1877, par l'habile facteur M. Cavaillé-
Coll, en remplacement de l'ancien instrument, que l'orage
du 12 août 1875 avait tellement détérioré qu'il a fallu le
remplacer.

NOTA. — Il y aurait encore bien des choses à signaler
dans Saint-Maclou : des pierres tombales curieuses ;
d'anciennes peintures murales ; le vitrail du midi représentant la procession du Vœu de Pontoise ; un joli vitrail
nouveau de la Chapelle Saint-Joseph, donné par M. Agnès,
etc. ; mais tout cela nous entraînerait trop loin. Cependant nous ajouterons qu'il y a, dans la sacristie, quelques
fragments assez curieux d'anciens vitraux, surtout une
partie (les têtes), d'un mariage de la Sainte-Vierge, qui
doit nous faire regretter vivement que le reste ait disparu.

CHAPITRE VII

LES CLOCHES DE SAINT-MACLOU

ET DE

NOTRE - DAME

A PONTOISE

I

C'est une croyance tout à fait accréditée que la cloche, placée dans le petit dôme, qui couronne la tour de l'église Saint-Maclou, de Pontoise, porte cette inscription :

Unda, unda, unda, unda, unda, unda, unda, accurite cives.
(De l'eau, de l'eau, de l'eau, de l'eau, de l'eau, de l'eau, de l'eau; accourez,
[citoyens.)

Cette opinion n'est pas récente, car dans la « Nouvelle description des environs de Paris », par J. Dulaure. (Paris, Lejay, 1786, in-18) on lit, page 189 de la seconde partie :

« La tour de cette église renferme huit cloches non compris celle de l'horloge de la ville qui sert à sonner le toscin. On lit sur cette cloche un vers latin très connu, mais d'une harmonie singulièrement imitative et qui, par le moyen des élisions, exprime parfaitement le son du tocsin dans les incendies :

« Unda, unda, unda, unda, unda, unda, unda, accurrite cives. » (1)

Depuis, M. de Jouy, dans son voyage à Pontoise (que nous avons reproduit), M. l'abbé Trou dans ses « Recherches historiques sur Pontoise », tous les compilateurs qui ont écrit sur Pontoise et tous les auteurs de « guides » ont reproduit à l'envie cette assertion. (2) M. Trou, s'en est expliqué ainsi à la page 95 de ses Recherches historiques.

« C'est dans ce dôme que se trouve renfermée la vieille cloche de *l'antique beffroy* de la cité, destinée jadis à sonner l'alarme dans les grands dangers d'invasion et surtout d'incendie. On lit sur cette cloche ce vers latin, plein d'harmonie imitative : unda, unda, etc... et qui ne laisse aucun doute sur sa destination première. De nos jours elle sert de timbre pour l'horloge et on la sonne aussi pour certaines cérémonies religieuses. »

Après de telles affirmations et une commune renom-

(1) Il faudrait en effet prononcer ce vers non pas à la manière française : unda, unda..... mais en élidant l'a : und', und'..... ou mieux encore à la manière italienne ound' ound'..... alors chaque syllabe donne le son d'un coup de cloche.

(2) Le guide anglais « Bradshaw's Illustrated traveller's hand-book to France » (London, Adams, in-18 carré, s. d.) signale, page 16, « la cloche d'alarme, avec son inscription ! »

mée si générale, il était bien permis de croire que cette cloche portait la curieuse inscription en question.

Or il nous a pris la curiosité, bien naturelle, d'aller visiter cette cloche, excursion du reste fort agréable car après avoir gravi les 187 marches de la tour, on jouit du haut de cette tour d'une vue admirable. Alors à notre grande stupéfaction nous n'avons pas trouvé l'inscription si vantée. Nous n'avons pas pu en croire nos yeux; nous avons prié un ami de nous accompagner, il a vu comme nous tout autre chose que le fameux vers latin.

La cloche placée dans le dôme est fixe; elle ne pourrait pas du reste se sonner en *volée*, car la cage du dôme serait trop étroite pour le permettre. Elle est suspendue par ses *anses* à un petit appareil de charpentes. Elle a un diamètre de 1 m. 58 à la base. Elle sert principalement pour la sonnerie de l'horloge et est frappée par deux gros marteaux en fer, le plus gros sonnant les heures et le plus petit le premier coup des quarts. En outre le plus gros marteau, sous l'action d'une corde qui descend dans la tour, sert aussi à sonner les *glas* et l'*appel des prêtres*.

Cette cloche ne porte que cette seule inscription, en lettres gothiques, venue en relief à la fonte, et placée un peu au-dessous des anses :

« L'AN M. V^c. LIIII les habitants de Pontoise ensemble réunis m'ont fait fondre et ici mettre et par eulx suis nommé Henry. » Elle ne porte rien d'autre et il n'y a aucune trace qu'une autre inscription ait existé et ait été grattée.

Saint-Maclou renferme deux autres cloches placées dans l'intérieur de la tour. En voici la description :

La plus grosse, existant à la hauteur du toit de l'église, a 1 m. 70 de diamètre à la base et 1 m. 46 de hauteur. Elle se sonne à l'aide de deux pédales ; en outre un gros marteau en fer actionné par l'horloge y frappe le second coup des quarts.

Elle porte ces inscriptions en lettres romaines et en relief :

Dans le haut :

« L'an 1733, je fus nommée Louise par très haute, très puissante et très excellente princesse Louise-Adélaïde de Bourbon-Conty de la Roche-sur-Yon, princesse de sang royal, dame baronne de Veauvrolle et autres lieux, et par très haut, très puissant et très excellent prince Son Altesse Monseigneur Louis-François de Bourbon, prince de Conty, prince du sang, pair de France, chevalier des ordres du Roy, lieutenant général de ses armées et gouverneur pour S. M. des provinces du haut et bas Poitou, etc. »

« Jean-Baptiste-Marie, docteur de Sorbonne, curé de Saint-Maclou, vice-gérant en l'officialité de Pontoise. Pierre Lefebvre, prêtre, curé de Saint-Maclou. »

Dans deux médaillons ovales : « C. Renault m^{tre} fondeur à Paris. »

Enfin vers le bas de la cloche :

« Me Jean Le Tellier, conseiller du Roy et son procureur au baillage et autres jurisdictions royales de cette ville, prêtre et marguillier. Me Henry Chaulin, marchand de Soye, marguillier en charge et échevin de la ville de Pontoise. Jean-Baptiste de Bois-Adam, procureur des sièges Royaux et ancien échevin de Pontoise, receveur de la fabrique de Saint-Maclou. »

Ces inscriptions évoquent quelques souvenirs historiques sur lesquels il convient de s'arrêter.

D'abord l'existence des deux curés simultanés de Saint-Maclou, qui a duré jusqu'en 1743.

Ensuite le Prince de Conty. Il s'agit de Louis-François de Bourbon, d'abord comte de La Marche, né le 23 août 1717, mort en 1776, et marié à Louise-Diane d'Orléans, l'une des filles du Régent. Il était Seigneur de l'Isle-Adam et fut depuis seigneur engagiste de Pontoise.

Et enfin mademoiselle de la Roche-sur-Yon (Louise-Adélaïde de Bourbon-Conty, née le 2 novembre 1696 et morte sans allianc le 20 novembre 1750.) C'était la tante du prince de Conty. Elle possédait la terre de Vauréal ; et Barbier dans son « Journal » rapporte qu'elle y avait dépensé plus de 1,200,000 livres. Elle la légua à son neveu le prince de Conty.

Enfin la plus petite cloche est placée au-dessus de la précédente ; elle a 80 c. de diamètre et 65 c. de hauteur. Elle se meut à l'aide d'une corde tirée d'en bas et sert à sonner l'angelus et les baptêmes, on l'appelle vulgairement Marie la bavarde. Elle porte vers le haut cette seule inscription, en caractères gothiques se détachant en relief : « L'an M. Vᶜ XLIII fut bénite et nommée Eloy (1) — J.H.S — M — ». Cette inscription est très difficile à lire, d'abord parce que cette partie de la tour es. assez obscure et ensuite parce que la cloche

____

(1) Peut-être faut-il lire : Clère.

étant placée en haut d'un échafaudage très élevé et au-dessus d'une plate forme très étroite, on ne peut approcher de l'inscription qu'en se hissant sur une petite balustrade qui l'entoure, ce qui n'est pas sans danger.

En tout cas, que la cloche s'appelle Eloy ou Clère, (car on peut peut-être lire ce mot), il n'y a pas à s'y tromper il n'y a pas : unda.

On voit donc qu'aucune des cloches de Saint-Maclou ne porte l'inscription de : unda. Et tout fait penser que jamais Saint-Maclou n'a possédé de cloche portant une semblable inscription, car ni Taillepied, ni l'auteur de l'abrégé des antiquités de Pontoise, ni le véridique M. Pihan de la Forest n'en ont parlé.

Voici ce que Taillepied a dit dans ses « Antiquitéz de Pontoise » des cloches de Saint-Maclou : « l'autre (tour) au bout de la nef où sont huit cloches grosses et petites et bien résonnantes. »

Plus loin vers la fin de son ouvrage Taillepied parle de l'ancien Beffroy de la ville « où le temps passé estoit l'horloge publique qui est à présent au sommet de la tour de Saint-Maclou.... ayant un beau et grand cadran auquel est figurée la lune en tel point qu'elle apparaît journellement au ciel, comme aussi il y a en l'horloge de Notre-Dame.... S'il faut faire assemblée de ville pour décider des affaires de quoy il est question, on sonne la grosse cloche dudit horloge Saint-Maclou, afin de convier les bourgeois à se trouver devant l'hostel de Ville. »

L'auteur anonyme de « l'abrégé des antiquitéz de la ville de Pontoise » (Rouen 1720), que l'on présume être

Louis Duval, curé de Notre-Dame de Pontoise, fait, à la page 9, mention de cette cloche en ces termes « .... tour où était l'horloge de la ville, la cloche servait de tocsin et fait encore le même office dans la tour de la paroisse de Saint-Maclou. »

M. Pihan de la Forest, dans l'un de ses manuscrits conservés à la mairie de Pontoise, (Histoire des églises et couvents de Pontoise — 901-2855 —) à la page 42, a écrit ce qui suit vers 1775 :

« Dans la calotte de la tour de Saint-Maclou est la cloche de la ville de Pontoise, laquelle cloche était cy devant dans une tour qui était sur la porte de l'Hôtel de Ville en face et vis à vis la tour de l'église de Saint-Maclou ; cette tour étant prête de tomber par vétusté, on délibéra de mettre la cloche de la ville dans la tour de Saint-Maclou où elle est aujourd'hui. Autour de cette cloche est écrit en lettres gothiques : « Les habitants de Pontoise ensemble réunis m'ont fait fondre et ici mettre et par eux suis nommé Henry. L'an M. Vᵉ. LIIII. »

On voit bien clairement qu'il s'agit de la cloche qui a été décrite la première dans le présent article, et qu'aucun de ces trois auteurs n'a relaté l'inscription, cependant si curieuse, qu'on lui attribue. On a dit plus haut que Saint-Maclou possédait jadis huit cloches (1), nombre de documents établissent la véracité de ce fait.

(1) Et cela indépendamment de la cloche du beffroy qui appartient à la Ville ; il n'en reste donc plus à l'église que les deux que nous avons décrites ; les autres ont été transformées en canons et en gros sous blancs en 1792.

M. Pihan de la Forest a, dans le manuscrit déjà cité reproduit les inscriptions de ces cloches, mais il n'a jamais dit un mot sur l'inscription de « Unda ».

On s'explique que Dulaure et quelques autres compilateurs qui l'ont suivi se soient trompés à cet égard, mais l'erreur de M. l'abbé Trou est bien grossière; il est bien certain que la cloche qu'il désigne est la même que celle que décrivit, il y a cent ans, M. Pihan de La Forest; M. Trou aurait dû prendre la peine d'aller la voir avant d'en parler; c'est là une des nombreuses erreurs de son ouvrage et une preuve de la facilité avec laquelle il enregistrait toutes sortes de faits sans chercher à les contrôler.

En résumé il faut reléguer l'histoire de l'inscription « Unda » au nombre des légendes, de même que celles du célèbre veau de Pontoise et de ce grand commerce de bestiaux, que toutes les géographies et tous les « guides » même modernes, attribuent, nous ne savons pourquoi, à la ville de Pontoise.

Ajoutons en passant que le coq placé au haut de la Tour de Saint-Maclou y a été posé le 21 octobre 1826.

II

L'ancienne église de Notre-Dame de Pontoise avait trois cloches placées dans le clocher en pyramide existant au-dessus du transept et quatre plus grosses placées dans la tour. C'est Taillepied qui nous l'apprend (page 102 de la réimpression qu'en ont donnée MM. François et Le Charpentier en 1876).

Toutes ces cloches ont sans doute péri lors de la des-

truction de Notre-Dame, en 1589 (1), et M. Pihau ne
nous a transmis aucun détail sur les cloches qui ont
dû les remplacer depuis la reconstruction jusqu'à la
Révolution.

Cependant un document qui nous a été communi-
qué par M. l'abbé Marchand, curé de Notre-Dame de
Pontoise, semble indiquer que, pendant cette période,
Notre-Dame aurait possédé une sonnerie assez importante; c'est un acte passé devant M⁽⁾ François et Da-
gneaux, notaires à Pontoise, le 27 juillet 1632, qui contient délivrance, par Madame Bonne Mercier, veuve
de Nicolas Dubray, marchand, demeurant au Fau-
bourg de Notre-Dame, en qualité d'exécutrice testa-
mentaire de Mathieu Dubray, prêtre et chapelain de
l'église Saint-Maclou de Pontoise, d'un legs fait par
ce dernier à l'église Notre-Dame.

Il est dit dans cet acte que l'église Notre-Dame sera
tenue de faire célébrer pour le repos de l'âme du sieur
Dubray, aux cinq fêtes de la vierge et le premier dimanche de chaque mois de l'année, une haute messe,
la veille de laquelle, les curé et prêtres de Notre-Dame
« seraient tenus de faire sonner avec les grosses clo-
» ches une volée en carillon... et, auparavant que se

----

(1) Toutefois, page 190 de ses Recherches, M. Trou semble dire qu'une
belle cloche, qui est maintenant à Cambray et qui porte le nom de : Marie
de Pontoise, est l'une des anciennes cloches de Notre-Dame.

Or, cette assertion de M. Trou est une erreur. Nous avons parcouru
plusieurs *Histoires* de Cambrai, notamment les « Recherches sur l'église de
Cambrai, » par Leglay (Cambrai, 1609, in-4°), sans rien trouver à cet
égard ; de plus, nous avons pris la liberté d'écrire à M. le Vicaire général
de l'archevêque de cette ville, qui a bien voulu nous répondre que le fait
par nous signalé était inconnu.

» dira cette messe, il sera carillonné et joué dudit ca-
» rillon et sera sonné les quatres grosses cloches en
» vol, le tout ensemble et ce pour advertir le peuple. »

Ces nouvelles cloches ont sans doute été à la fonte en 1792, car si l'église actuelle possède aujourd'hui trois cloches, on va voir que ces cloches ne se rattachent en rien à l'histoire de Pontoise, et lui sont même étrangères.

Cependant en voici la description :

La plus grosse, placée dans la tour à la hauteur du toit de l'église, et se sonnant à l'aide de cordes, a un mètre quatre centimètres de diamètre.

Elle porte ces inscriptions :

En haut du côté de l'orient :

« Je pèse 1321. »

Puis sur deux lignes circulaires vers le haut :

« L'an 1822, j'ai été bénite par M. Pierre Drouard, curé, et nommée Ugénie *(sic)*, Julie par M. J. A. Crapotte, propriétaire, et Madame Ugénie-Julie, baronne Lhéritier. — Ma Mⁱⁿ Godé. — J. L. Nᵃˢ Duménil. — J. Jᵐᵉ Hache. — G. M. Lambert et F. de Grassmann, marguilliers. »

Vers le bas, on lit encore du côté de l'Orient :

« Jˡᵉ Bunel, fondeur. »

Ces trois inscriptions sont en relief, c'est-à-dire qu'elles sont venues à la fonte.

Du côté du couchant est une autre inscription gravée en creux, et par conséquent après la fonte :

« Cette cloche a été achetée par la fabrique Notre-Dame de Pontoise, le 23 mars 1844, en l'honneur de la Très-Sainte-Vierge Marie, sa bonne, sa chère et miraculeuse patrone et placée pour le saint jour de Pâques, même année, à la g^de satisfaction de MM. Cordier, curé, Daminois, prési^t, Fauveau, tréso^r, Girault, secré^re, Cartier et Leguay, marguilliers. »

Il s'agit d'une cloche achetée en 1844 de la fabrique de Conflans-Sainte-Honorine ; ce fait est d'ailleurs très connu.

La seconde, placée un peu plus haut, mesure soixante centimètres de diamètre.

Elle porte ces incriptions en relief :

En haut :

« S. Trinitas unus Deus miserere animæ Anto : de Loose abb : S : Salvato ; E. Enamen. » (Sainte Trinité, un seul Dieu ayez pitié de l'âme d'Antoine de Loose, abbé de Saint-Sauveur.)

Au-dessous, du côté de l'Orient, est un médaillon héraldique ; l'écusson est chargé de quatorze billettes (figures en forme de parallélogramme) placées sur quatre lignes horizontales : cinq, quatre, cinq, quatre, et surmonté d'une mitre d'abbé. Cette devise est au-dessus de l'écusson : « Caute non dolose » (prudemment, non astucieusement).

Du côté de l'occident, on lit : « E. Enam 1660 ».

On y voit aussi un écusson portant un nid dans lequel est un pélican se déchirant la gorge, avec cette devise : « Diligete alter utrum » (aimez vous les uns les autres). Au-dessus figurent une mitre et une crosse.

Il s'agit très vraisemblablement d'une cloche achetée par occasion.

Il y a une troisième petite cloche de quarante cen-

timètres de diamètre, mais non montée : elle porte
cette inscription en relief : « A fulgure et tempestate
libera nos Dómine. Fratres Barborini me fecerunt
anno M.DCCC.IV. (De la foudre et de la tempête,
délivrez-nous seigneur. Les frères Barborini m'ont
faite l'an 1804). Elle est décorée aussi de quatre médaillons de saints en relief.

Enfin, il existe dans le campanile de la tour trois
petites cloches en forme de timbres, c'est-à-dire de ca-
lottes sphériques, qui servent à la sonnerie de l'horloge.

LE CURÉ DE PONTOISE

Presque tous nos lecteurs connaissent une grande lithographie coloriée, portant cette légende : « Le Curé de Pontoise. — *Je vais*, dit-il, *jeter mon bonnet à celle qui a le plus trompé son mari.* » L'on y voit un prêtre qui, du haut de la chaire, fait mine de lancer son bonnet sur un groupe de femmes effrayées, et mettant toutes le bras en avant de leur tête pour parer le coup du singulier projectile.

La pièce (de 50 centimètres de largeur sur 36 de hauteur) a été composée par M. Dubouloz ; elle forme le n° 25 d'une série intitulée : *Musée de mœurs en actions,* éditée à Paris par la maison Bulla, en 1864, croyons-nous.

Bien que persuadé que cette plaisanterie ne devait avoir rien de personnel, ni pour Pontoise, ni pour son clergé, il nous a paru curieux d'en rechercher l'origine, et voici ce que nous avons trouvé.

Le sujet est vraisemblablement extrait de l'un des
meilleurs et des plus charmants romans que nous
ayons : la « Chronique du temps de Charles IX. »
Dans le chapitre V, intitulé : *Le Sermon*, on trouve ce
passage : .... « Mais que puis-je dire qui vaille le
» sermon du prédicateur de Pontoise, qui s'écria : Je
» m'en vais jeter mon bonnet à la tête de celle d'entre
» vous qui a ... *trompé* le plus son mari ! (1) Sur
» quoi, il n'y eût pas une seule femme dans l'église
» qui ne se couvrît la tête du bras ou de la mante,
» comme pour parer le coup. »

L'auteur de ce roman (2) est M. Prosper Mérimée,
membre de l'Académie française, décédé en 1870, et la
première édition en a paru en 1829, sous ce titre :
« 1572. Chronique du temps de Charles IX, par l'au-
» teur du théâtre de Clara Gazul » (Paris, imprimerie
Fournier, 1829, in-8°). Il y a eu depuis un grand
nombre d'éditions et on trouve l'ouvrage dans la Bibliothèque Charpentier, format in-18, avec le véritable
nom de l'auteur.

Notre historiette a déjà, on le voit, une certaine
ancienneté ; mais il est possible qu'elle ait été inspirée
par une anecdote bien antérieure. Il existait à Paris,
il y a plus de deux siècles, un prédicateur fort en
vogue à cause de l'originalité de ses sermons. On l'appelait le *petit père André* (André Boullanger, religieux

(1) Nous demandons pardon à l'auteur d'avoir un peu modifié son expression, qui est plus *gauloise*.

(2) Le sujet en est à peu près le même que celui de l'opéra-comique
« *le Pré aux Clercs*, » paroles de M. de Planard, représenté pour la première fois le 15 décembre 1832, et qui est le chef-d'œuvre musical d'Hérold.

augustin réformé, né à Paris en 1582, mort en 1657,.
Tallemant des Réaux, dans ses « Historiettes, » lui
a consacré un chapitre spécial et en a dit : « Il avait
du talent pour la prédication.... On a fait plusieurs
contes de lui, dont j'ai recueilli les meilleurs.... A la
fête de la Madelaine.... un jour, il lui prit une
vision (1) après avoir bien harangué contre la débauche
de cette pauvre pécheresse, de dire : « J'en vois là-bas
» une toute semblable à la Madelaine ; mais, parce
» qu'elle ne s'amende point, je la veux noter, et lui
» jeter mon mouchoir à la tête. » En disant cela, il
prend son mouchoir et fait semblant de le vouloir jeter :
toutes les femmes baissèrent la tête. « Ah ! dit-il, je
» croyois qu'il n'y en eût qu'une, et en voilà plus de
» cent. »

Il est vrai que Tallemant des Réaux n'a été publié
pour la première fois qu'en 1834, quoiqu'il soit contem-
porain du père André ; mais l'anecdote peut exister
dans d'autres recueils, ou même avoir été conservée
par la tradition, et les conteurs aiment à se répéter les
uns les autres, suivant l'expression d'un des plus
illustres : « Je prends mon bien où je le trouve. » En
tout cas, M. Mérimée n'a pas copié servilement et a
arrangé habilement une ancienne plaisanterie, et puis,
au surplus, il a bien pu l'inventer et les beaux esprits
se rencontrent.

(3) Vieux mot français équivalant à lubie, fantaisie.

ERRATUM

Page 16, dans la note, au lieu de : Saint-Pirx, *lisez :* Saint-Prix.

Pontoise. — Imp. de A. Pâris.

www.ingramcontent.com/pod-product-compliance
Ingram Content Group UK Ltd.
Pitfield, Milton Keynes, MK11 3LW, UK
UKHW022033170726
13837UKWH00002B/559